ATO ANALÍTICO e AFIRMAÇÃO DA VIDA

Fórum do Campo Lacaniano de Fortaleza (org.)

ATO ANALÍTICO e AFIRMAÇÃO DA VIDA

aller editora

Ato analítico e afirmação da vida

Editora	Fernanda Zacharewicz
Conselho editorial	Andréa Brunetto — Escola de Psicanálise dos Fóruns do Campo Lacaniano
	Beatriz Santos — Université Paris Diderot — Paris 7
	Jean-Michel Vives — Université Côte d'Azur
	Lia Carneiro Silveira — Universidade Estadual do Ceará
	Luis Izcovich — Escola de Psicanálise dos Fóruns do Campo Lacaniano
Revisão	Fernanda Zacharewicz
	André Luiz Rodrigues
Capa	Wellinton Lenzi
Diagramação	Sonia Peticov

Primeira edição: setembro de 2021

Dados Internacionais de Catalogação na Publicação (CIP)
Ficha catalográfica elaborada por Angélica Ilacqua CRB-8/7057

A891

Ato analítico e afirmação da vida / Fórum do Campo Lacaniano de Fortaleza (org.). — São Paulo: Aller, 2021.

192 p.

ISBN: 978-65-87399-31-7
ISBN ebook: 978-65-87399-28-7

1. Psicanálise 2. Lacan, Jacques, 1901-1981 I. Fórum do Campo Lacaniano de Fortaleza

21-3729 CDD 154.6
CDU 159.964

Índice para catálogo sistemático
1. Psicanálise

ALLER EDITORA
Rua Wanderley, 700
São Paulo-SP, CEP: 05011-001
Tel: (11) 93015.0106
contato@allereditora.com.br
Facebook: Aller Editora
Instagram: @allereditora

SUMÁRIO

APRESENTAÇÃO

ANDRÉA BRUNETTO[1]

NESSA ÉPOCA DE PANDEMIA, em que a morte está em todo lugar, mais do que nunca somos responsáveis por apostar em outra cena, transmitir um desejo, reafirmar nossos laços, nosso trabalho, pela transmissão da psicanálise e pela valorização da vida. Assim, foi com muita alegria que recebi o convite para apresentar este livro. Sinto-me parte dele e compartilho com os autores que o integram o entusiasmo em sustentar o discurso psicanalítico na civilização. Apresento a seguir tudo o que aprendi lendo os trabalhos aqui reunidos.

Thalita Fontenele gosta de imaginar o analista como um pescador que, com "paciência voluntária, aguarda a fisgada do inconsciente no anzol da palavra" (p. 117-118) e teoriza sobre o ato como criador de um começo. Também assim o faz Andrea Rodrigues, começando seu trabalho com o ato\ata de fundação de uma Escola, a de Lacan. Ele fundou uma Escola que não é um lugar, mas, antes, um conceito que norteia o psicanalista e sua formação. Por isso, a autora intitula seu trabalho "Escola e ato". A solidão do ato, que é um sozinho

[1]Psicanalista, psicóloga e analista membra da Escola de Psicanálise dos Fóruns do Campo Lacaniano, membra do Fórum do Campo Lacaniano do Mato Grosso do Sul e do Ágora Instituto Lacaniano.

[*seul*], e não o único [*le seul*], a solidão de cada psicanalista com seu ato, lembra Andrea, está também no "Discurso na Escola Freudiana de Paris". Lacan escreveu: "Minha solidão foi justamente aquilo a que renunciei ao fundar a Escola"[2]. Embora o analista seja solitário em seu ato, não o é com a Escola. E, creio, também não neste livro, aposta de afirmação de vida e também aposta de trabalho pela Escola de Lacan, premissas que norteiam a reflexão de Sandra Berta. Baseada em sua experiência no cartel do passe, a autora descreve uma aposta na Escola que não se sustenta em um sacrifício, e sim em um "desejo decidido para com a vida" (p. 108).

Manter o discurso analítico diante da impossibilidade do encontro presencial foi um ato que cada psicanalista fez, comprovando que a psicanálise esteve à altura da questão de seu tempo, a pandemia. A vida, afetada por *alíngua*, encontrou uma forma de ser falada, de fazer as análises acontecerem, sustenta Raissa Dantas. A autora mostra como a transferência permaneceu durante a pandemia e dá um exemplo do analista como objeto-voz. Segundo ela, "o *online* não exclui as irrupções do real" (p. 137).

Julieta De Battista, por sua vez, escreve que o analista com seu ato já está na entrada da análise e advertido do que será no final: ejetado, expulso, deposto. O ato analítico é diferente dos demais, o destino do analista se diferencia da idealização e da consagração, "é um destino de merda" (p. 59), mas é também uma nova harmonia, pois coloca o desejo do analista como potência de ato. O analista soube

---

[2]LACAN, J. (1970) Discurso na Escola Freudiana de Paris. In: *Outros escritos*. Tradução de Vera Ribeiro. Rio de Janeiro: Zahar, 2003, p. 267.

transformar seu saber ser um dejeto em causa. No final, está o ato e a Escola. Battista o demonstra com um excerto do que foi sua análise, um relato que eu ainda não havia escutado e lido em seus vários testemunhos do passe.

O texto de Lincoln Santos também dispõe sobre o ato analítico e a Escola, expondo o percurso de fundação desta. Fiar, fabricar, costurar — Renata Santiago fabrica seu trabalho tecendo o ato como causa de rupturas, o ato inscrito do lado da poesia: o analista como um poeta do ato, um analista-poata.

Quando Isloany Machado escrevia seu texto, 233.000 brasileiros tinham morrido, e agora, enquanto escrevo esta apresentação, já passamos de 571.000 vidas ceifadas pelo vírus e, sobretudo, pela necropolítica. A autora retoma a analogia de Lacan entre o ar que se respira — e o que falta — e a psicanálise. Começa o artigo com a morte por sufocamento, meses atrás, de centenas de pessoas em Manaus, ao lado da floresta amazônica, pulmão natural do mundo — pelo menos por enquanto. Já a psicanálise é o "pulmão artificial com a ajuda do qual tentamos assegurar o que é preciso de gozo no falar, para que a história continue"[3]. Diante da iminência da morte, urge viver, sustenta Machado. E talvez por isso nomeie seu trabalho "Subversão e ato em psicanálise". Ato é corte, ruptura, hiância. "Daí sendo possível advir a surpresa e o novo, pois o ato provoca passagem e mudança, subversão" (p. 144).

O trabalho de Luis Achilles revisita os conceitos freudianos de pulsão, autoerotismo e libido para discutir o autismo e a direção do tratamento, uma direção que conceba a

[3]LACAN, J. (1973-1974) Déclaration à France Culture. In: *Le Coq-Heron*, 46/47, p. 7, tradução nossa.

dimensão da transferência e do ato analítico. O artigo de Francisco Paiva começa com uma frase do desenho *Toy story* — "ao infinito e além". Com esse infinito, o autor explica o significante e seu além, marcando que, ainda que o sentido encante, o trabalho de análise não é apenas tradução do sintoma. O além é chegar à letra. É preciso passar do bem-dizer ao satis-fazer. É esse o além da "contação" de significantes em uma análise: a letra e o gozo. Além da "contação", deve restar um desejo novo, inédito, o desejo do analista.

Tomando o seminário de Lacan sobre a angústia, Ana Paula Bezerra escreve sobre o vazio e diferencia o *acting out* da passagem ao ato. Também o trabalho de Elynes Barros Lima é sobre um *acting out*. Ela mostra o que acontece quando o analista não está bem posicionado em seu lugar. O artigo de Osvaldo Costa Martins é sobre a *poíesis* de uma análise, sobre transpor o tempo neurótico de um "ainda não" e um "já foi" para o tempo esperançoso, que faz a boa hora. Com sua beleza de escrita, o autor afirma que o ato é a boa hora.

Zilda Machado sustenta que, ao final de uma análise, em que se desvela o ser de gozo e em que o ser falante está "sem álibi, num beco sem saída", o objeto *a* — "*petit a, petit hâte*" (p. 54) — pode dar uma saída pela presssa. O final da análise, essa pressa que Lacan já tinha teorizado com o apólogo dos prisioneiros, é apresentada no trabalho de Zilda e também debatida no de Bernard Nominé. Zilda conclui com uma frase de Riobaldo, personagem de *Grande sertão: veredas*: "o que a vida quer da gente é coragem"[4]. Foi sua forma de,

[4]ROSA, J. G. (1956) *Grande sertão: veredas*. 19ª edição. Rio de Janeiro: Nova Fronteira, 2001.

com a literatura e a psicanálise, fazer uma afirmação da vida. Nominé demonstra que a urgência é subjetiva e alega que, no século XXI, a urgência é o motor dos negócios. A pandemia é o acidente, *accidens, ac cadere*, o que cai ao lado. "O que cai no acidente senão a ilusão de que a vida é como um longo rio tranquilo?" (p. 34) O autor sustenta que o fascínio maníaco da embriaguez de urgência seria o correlato pulsional do fato de negar a morte. Como venho escutando, muitos se pegam diariamente contando as porcentagens de vacinados por dia e fazendo equações de quando todos estarão protegidos; uma preocupação com porcentagens, estimativas, números, índices de vacinados, mortos, imunizados que é reflexo de uma expectativa de que a vida volte ao seu trajeto de águas tranquilas, parafraseando Nominé. Talvez a urgência seja maior e coletiva quando a contagem de mortes ultrapassa meio milhão de pessoas.

Nominé fala sobre o ato no tempo, ou melhor, sobre o tempo do ato, sempre no presente: é uma ruptura com o passado. "*Alea jacta est*, a sorte está lançada!" (p. 44) Assim, o ato é como a travessia do Rubicão. Igualmente, Ercilia trata o ato como uma travessia do Rubicão. Lia Silveira tratou-o como um salto, aproximando o *jazz* e o ato analítico. *Jazz*, ato e obra. Nascido dos negros escravizados, do encontro da cultura africana com a europeia, o *jazz* é uma afirmação da vida, pois, como argumenta a autora, o *jazz* deu um passo a mais "no sentido da invenção e da criação diante da tradição herdada" (p. 19). Tal como na psicanálise trata-se da singularidade do caso a caso, a genialidade da criação de alguns músicos é individual. Essa criação singular presente no trabalho de cada qual faz um movimento, funda um estilo, funda uma Escola.

De que vale chegar ao final de análise, descolar-se de sua fantasia, deixá-la cair e colar-se no real de objeto-dejeto que se é? Não dar um passo a mais seria sucumbir ao resto e não fazer nada. Em outro tempo, ouvi na conferência de um analista que um sujeito que chegou ao final de análise não seria um bom vizinho. Não aceitei isso à época, mas não sabia justificar o porquê. É preciso o entusiasmo, Lacan espera um entusiasmo no fim. Chegar ao fim da análise e saber que há uma vida que vale a pena ser vivida é um caminhar não como resto — o que seria um arresto de vida —, mas com entusiasmo, com a esperança que não espera para fazer a boa hora. Portanto, posso responder ao que não aceitei há quase trinta anos: um bom vizinho é o entusiasmado. Se tocar *jazz* já é um luxo.

Retomo o que Lacan esperava do dispositivo do passe: recolher notícias da singularidade do momento de virada, de como cada um vai virar-se com isso. Trata-se de um salto, sustenta Lia. Também é um salto este livro surgir, um salto depois de anos e anos acompanhando os trabalhos dos colegas do Fórum do Campo Lacaniano de Fortaleza, participando, dando seminários, contribuindo e aprendendo com eles. O livro surge como evidência do salto de cada um, da singularidade de cada um na sua relação com a psicanálise. Surge também da contribuição de trabalho de outros colegas, vizinhos entusiasmados com a causa da psicanálise.

A vida é tão rara, e tem pressa, diz a música "Paciência", de Lenine. E espera de nós coragem. A vida nos tempos do coronavírus — com seus índices de vacinados, contaminados, mortos, anticorpos neutralizantes etc. — espera de todos um índice-desejo, único índex que serve a um analista. Soltar a voz nas estradas e nos livros. Ter coragem e trabalhar pela pulsão de vida. É nossa aposta e nosso campo, o lacaniano.

O *jazz* e o ato analítico

Saber fazer-se uma conduta de afirmação da vida

LIA SILVEIRA[1]

A CADA ÉPOCA HISTÓRICA, seu mal-estar correspondente. A felicidade não está inscrita nos planos da criação, já disse Freud em 1930. Mas convenhamos que 2020 caprichou. Ao mesmo tempo que enfrentamos uma pandemia que já ceifou quase dois milhões de vidas em todo o mundo[2], no Brasil vivemos o descalabro de um governo negacionista que se recusa a gerenciar a crise, mais do que por inépcia, mas pelo que parece ser um projeto mesmo daquilo que o filósofo camaronense Achille Mbembe chamou de **necropolítica,** ou seja, o processo pelo qual as formas contemporâneas de poder subjugam a vida ao poder da morte, fazendo uso da função do racismo para "regular a distribuição da morte e

[1]Psicanalista, membra da Escola de Psicanálise dos Fóruns do Campo Lacaniano, da Federação dos Fóruns do Campo Lacaniano/EPFCL-Brasil e do Fórum do Campo Lacaniano de Fortaleza.

[2]O número exato informado na plataforma Google em 9 de janeiro de 2021 é de 1.919.357 mortes no mundo inteiro.

tornar possíveis as funções assassinas no Estado"[3]. Some-se a isso, ainda, um momento em que as forças políticas contrárias à extrema direita se mostram fragmentadas e não logram formar um movimento organizado de oposição.

Que resposta subjetiva possível diante desse horror? Foi a pergunta com que muitos de nós nos deparamos, seja na própria clínica, seja nos espaços políticos que ocupamos. Freud, de certo modo, também já se ocupou dessas questões, pelo menos em um momento de sua obra. Num belíssimo ensaio dedicado à transitoriedade e publicado no ano de 1916, ele afirma que a preocupação com a fragilidade da vida pode dar origem a duas diferentes tendências na psique: uma que conduz a um doloroso cansaço do mundo e a outra, a uma rebelião contra o fato constatado. Mas é no mesmo texto que ele esboça uma ética da psicanálise diante do limite imposto pela decadência, morte, finitude: ao invés de tal limite levar ao desmerecimento da vida, "pelo contrário, significa maior valorização! Valor de transitoriedade é valor de raridade no tempo. A limitação da possibilidade da fruição aumenta a sua preciosidade"[4].

Há algo da invenção do ato na sustentação do valor da vida, mesmo diante dos horrores que podem advir do meio ambiente, do nosso próprio corpo ou do encontro com outros seres falantes (como Freud definiu as três principais fontes

---

[3]MBEMBE, A. *Necropolítica*. São Paulo: n-1 Edições, 2018, p. 18.

[4]FREUD, S. (1916) A transitoriedade. In: *Obras completas, volume 12: Introdução ao narcisismo, Ensaios de metapsicologia e outros textos (1914-1916)*. Tradução de Paulo César de Souza. São Paulo: Companhia das Letras, 2010, p. 196.

de sofrimento humano[5]). Com Lacan, podemos dizer que essa invenção só é possível quando se abre mão da tentativa de sustentação neurótica de um Outro consistente, apropriando-se dos recursos simbólicos que recolhemos desse campo, mas para ir além dele.

Para abordar a experiência de invenção frente ao encontro com a castração, além dos escritos de Freud e de Lacan, recorro neste texto à arte, mais especificamente ao *jazz*. Trata-se de um estilo musical que tem suas raízes no *blues*, a música nascida do sofrimento do negro americano escravizado, mas que encontra no improviso, na sensualidade e na apropriação da cultura do colonizador os elementos que vão subverter a tristeza para afirmar a vida.

A resposta neurótica

O saber extraído a partir de uma análise aponta para o fato de que todo encontro traumático atual só faz reeditar o que já foi inscrito como fora-de-sentido para cada sujeito. Assim, o que está em jogo no sofrimento experimentado pelo neurótico não é a realidade objetiva em si, mas, sim, a experiência já conhecida de desamparo frente a um Outro que não responde. Dentre as respostas possíveis, temos aquelas que vão desde o abatimento e o desânimo até a negação e a raiva, muitas vezes tingida pelo afeto do ressentimento.

[5] FREUD, S. (1930) O mal-estar na civilização. In: *Obras completas, volume 18: O mal-estar na civilização, Novas conferências introdutórias e outros textos (1930-1936)*. Tradução de Paulo César de Souza. São Paulo: Companhia das Letras, 2010.

Uma das razões pelas quais isso acontece é porque o neurótico não consegue inscrever sua insatisfação do lado do impossível. "Se sofro, é porque alguém poderia ter evitado ou, no mínimo, ter vindo em meu socorro para aliviar o sofrimento." Trata-se de uma resposta imaginária, como afirma Maria Rita Kehl, em que a falta é interpretada como prejuízo:

> O derrotado se transforma em ressentido quando passa a se identificar como vítima, sobretudo vítima inocente de um vencedor, que, nesses termos, passa a ocupar o lugar de culpado. É no lugar de vítima que se instala o ressentido, cujas queixas e acusações dirigidas silenciosamente ao outro funcionam para reassegurar sua inocência e manter sua passividade.[6]

Aqui precisamos desfazer um equívoco frequente: é óbvio que não estamos com isso justificando injustiças históricas e opressões sociais. Há uma diferença entre ressentimento e dor, como afirma Kehl. A dor pode e é geralmente infligida a populações oprimidas dentro de modos de produção que têm por finalidade a extração de um "a mais" na civilização. A psicanálise, por sua vez, embora toque também nas questões sociais, não tem como objeto o tratamento da infelicidade da vida cotidiana, mas uma modalidade de sofrimento muito específica, a saber, o modo singular com que um sujeito inconscientemente se apropria da realidade para construir o seu sintoma, aquilo que retorna sempre ao mesmo lugar.

---

[6]KEHL, M. R. *Ressentimento.* São Paulo: Casa do Psicólogo, 2015, p. 23-24.

Assim, a posição do ressentimento neurótico difere da opressão histórica (embora possa servir de apoio para ela) porque, nesse sofrimento, o sujeito foi, no mínimo, corresponsável, pois cedeu em seu desejo. Sabemos que tal posição neurótica está a serviço do desconhecimento da castração e da manutenção de um Outro não barrado. Como toda solução de compromisso, o ressentimento pode ser visto como modo de gozo e, embora o ressentido "se coloque sempre como ofendido, sua posição não é tão ética como pretende, pela simples razão que sustenta a recusa do sujeito em responsabilizar-se por suas escolhas"[7].

Mas que outra possibilidade de resposta diante do traumático uma análise poderia abrir para um sujeito? É possível ser escravizado (colonizado, oprimido) e não gozar da posição de escravo? É possível responder pela via da afirmação da vida, mesmo quando "tudo está demorando em ser tão ruim"[8]? É aqui que eu gostaria de recorrer ao gênero musical do *jazz* para construir um argumento.

A INVENÇÃO DO *JAZZ* COMO ATO DE AFIRMAÇÃO DA VIDA

O *jazz* é um dos produtos que resultam do encontro entre a cultura africana e a cultura europeia. Sua raiz musical mais expressiva é o *blues*, ritmo inventado pelos negros escravizados no território americano para cantar durante os trabalhos forçados a que eram submetidos nas *plantations*. Seu nome

[7]*Ibid.*, p. 28.
[8]VELOSO, C. Desde que o samba é samba. In: GIL, G. & VELOSO, C. *Tropicália 2*. Rio de Janeiro e Salvador: Phonogram/Philips, 1993.

deriva da tristeza absurda que experimentavam no horror de serem arrancados de suas terras e subjugados de forma tão violenta por seus opressores. Como disse Leadbelly, uma cantora de *blues*,

> [...] se você se deita na cama e se vira de um lado para o outro sem conseguir dormir, o que está acontecendo com você? O blues te pegou. Se você acorda pela manhã e fica sentado na cama, mesmo que estejam com você mãe e pai, irmã ou irmão, amigo ou amiga, marido ou mulher, sem querer falar com nenhum deles, embora nenhum tenha feito nada contra você, o que está acontecendo? O blues lhe pegou. Se você senta à mesa e olha para o prato com frango assado e arroz, levanta, treme e diz: "Deus do céu, não consigo comer, não consigo dormir, o que está acontecendo comigo?". O blues lhe pegou.[9]

Hoje, o fenômeno descrito por Leadbelly seria medicado e chamado de depressão, mas o *blues* é um estado de espírito que se expressa na música, na arte, na poesia negra. Mas, se o *jazz* herda do *blues* a construção do som, o fraseado e o *swing*, ele também integra elementos da cultura do homem branco europeu, trazendo para a sonoridade negra o sistema musical do chamado "Novo Mundo"[10].

Tudo começa com uma dificuldade: a música negra africana se estrutura num sistema tonal predominantemente

[9]BERENDT, J. & HUESMANN, G. *O livro do jazz: de Nova Orleans ao século XXI*. Tradução de Rainer Patriota e Daniel Oliveira Pucciarelli. São Paulo: Perspectiva e Edições Sesc São Paulo, 2014, p. 197.
[10]*Ibid.*, p. 198.

pentatônico (de cinco graus), enquanto o sistema ocidental sustenta-se no formato heptatônico, constituído de sete graus. "Para que o terceiro e o sétimo graus de nosso sistema tonal se tornassem compatíveis com sua sensibilidade musical, os negros teriam sido obrigados a abaixá-los"[11]. Desse ajuste nasceu aquilo que torna as improvisações e melodias de *blues* tão fascinantes, as chamadas *blue notes*. Elas nascem de diminuições microtonais, que variam de acordo com o músico e com seu estado de espírito[12].

A partir dessa estrutura do *blues*, vários ritmos vão surgir, como, por exemplo, o gospel, o *rythm and blues* e o *rock*. Mas nos detemos aqui no *jazz* porque entendemos que ele dá um passo a mais no sentido da invenção e da criação diante da tradição herdada. Para Hobsbawm, além da combinação entre escalas africanas e harmonias europeias que gera as *blue notes*, o *jazz* pode ser reconhecido a partir de outros quatro elementos: o ritmo (mais tributário dos ritmos africanos que dos europeus), cores instrumentais e vocais próprias (menor uso de cordas em favorecimento dos metais e das madeiras), formas musicais e repertórios específicos (os *blues* e as baladas) e, por fim, o que podemos considerar o mais importante deles, a predominância da execução singular de cada músico: "o jazz é uma música de executantes. Tudo nele está subordinado à individualidade dos músicos, ou deriva de uma situação em que o executante era senhor"[13]. Assim, em última

[11] *Ibid.*
[12] *Ibid.*
[13] HOBSBAWM, E. *História social do jazz*. Tradução de Angela Noronha. Rio de Janeiro: Paz e terra, 1990, p. 45.

análise, o *jazz* é um estilo que se baseia na individualidade dos músicos e, consequentemente, abre um enorme espaço para a improvisação.

Essa permissão para se apropriar de traços culturais do opressor e dispô-los para seu uso singular liberta do canto sofrido e faz do *jazz* um verdadeiro acontecimento de corpo. Ele traz para a cena a sensualidade como forma de resistência e, como afirma Douville,

> celebra desde o começo histórias de corpo e de memória, de infortúnios e de resistência dos corpos, histórias de mortos e de sexualidades, das potências da morte e do sexual, tantas flechas do real que costumam ser repelidas e que se opõem, salutarmente, a qualquer concepção mortificante e obsoleta da criação enquanto estratégia de recusa do sexual e do corpo real.[14]

Talvez possamos dizer o mesmo de outros ritmos afro-americanos, mas cabe destacar que a marca da improvisação — quase exclusiva do *jazz* — faz do acontecimento a própria alma desse gênero musical, colocando a invenção como matéria mesma de seu desdobramento no tempo. Assim, enquanto na música clássica o que está em jogo é reproduzir com perfeição a composição de um Bach ou um Beethoven, no *jazz* o que importa é a inventividade do intérprete, que, dessa forma, já se faz também compositor. Entra

[14]DOUVILLE, O. De l'acte «jazz»: improviser/interpréter. In: *Insistance*, 2011/2, nº 6, p. 148, tradução nossa. Disponível em *https://www.cairn.info/revue-insistance-2011-2-page-145.htm*. Acessado em 8 de julho de 2021, às 14h05.

em jogo o estilo, a espontaneidade e o arriscar-se diante do desconhecido, onde o erro surge não como algo a ser evitado, mas como "uma janela que se abre para um mundo novo e até então oculto"[15].

Engana-se, porém, o leigo se pensa que improvisar é sair tirando notas ao sabor do acaso. O músico de *jazz* improvisa sobre um tema-base, sobrepondo à harmonia da canção novas linhas melódicas[16]. Mas, para tanto, é necessário conhecer muito bem a tradição (tanto a africana como a do colonizador), para ir além dela. Assim, o *jazz* é, nas palavras de Douville, uma forma de memória que, apesar de certas evidências de heranças e fórmulas, se torna ativação de formas, anamorfose, torção:

> Dom do atemporal à história, da história à memória, da memória ao corpo, do corpo à espantosa condição de pária e da espoliação radical que foi aquela do escravo. Jazz é ato e é obra. Canto de filiação jamais paralisado em comemorações mortíferas, a pulsão jazz reconhece suas dívidas lá onde ela impõe a retomada, o relançamento, a invenção, transmissão enfim.[17]

[15]BERENDT, J. & HUESMANN, G. *O livro do jazz: de Nova Orleans ao século XXI*. Tradução de Rainer Patriota e Daniel Oliveira Pucciarelli. São Paulo: Perspectiva e Edições Sesc São Paulo, 2014, p. 189.

[16]Deixo como exemplo para o leitor a fantástica (des)construção operada por Jonh Coltrane sobre a base de "My Favourite Things", uma peça belíssima que transforma uma canção infantil em uma viagem marcada por sons orientais.

[17]DOUVILLE, O. De l'acte «jazz»: improviser/interpréter. In: *Insistance*, 2011/2, nº 6, p. 146, tradução nossa. Disponível em *https://www.cairn.info/revue-insistance-2011-2-page-145.htm*. Acessado em 8 de julho de 2021, às 14h05.

Aqui, já é possível recolher os diversos pontos que nos permitem pensar aproximações entre o *jazz* e o ato analítico. Passemos então a ele.

Ato analítico, invenção e afirmação da vida

O neurótico, face ao encontro com a irrupção traumática do real, responde com o canto monótono do coro de *Édipo em Colono* que diz: "Melhor seria não haver nascido"[18]. Uma análise é aquilo que pode permitir sair do coro da tragédia grega e passar ao *chorus phrase,* que no *jazz* é o nome que se dá ao estilo de improvisação que cria linhas melódicas completamente novas sobre uma harmonia dada[19].

Essa passagem em termos não musicais, mas subjetivos, só pode se dar à custa da mobilização do modo de satisfação inconsciente que leva à repetição sintomática. No seminário dedicado ao tema do ato analítico, Lacan dedicou-se a elaborar as bases dessa operação. Ele afirma que um ato é ligado à "determinação de um começo e, muito especialmente, ali onde há necessidade de fazer um, precisamente porque não existe"[20]. Assim, entrar em análise implica um "franqueamento" que não é o da porta do consultório do analista, mas o de um começo instaurado pelo ato analítico.

Lacan recorre à Lei de Morgan para formalizar, a partir do "penso, logo existo" cartesiano, esse ponto lógico inicial,

---

[18]SÓFOCLES. *A trilogia tebana: Édipo Rei, Édipo em Colono e Antígona.* Tradução de Mário da Gama Kury. 10ª edição. Rio de Janeiro: Zahar, 2002.
[19]BERENDT, J. & HUESMANN, G. *O livro do jazz: de Nova Orleans ao século XXI.* Tradução de Rainer Patriota e Daniel Oliveira Pucciarelli. São Paulo: Perspectiva e Edições Sesc São Paulo, 2014, p. 189.
[20]LACAN, J. (1967-1968) *O seminário, livro 15: o ato psicanalítico.* Inédito. Aula de 10 de janeiro de 1968.

situado no canto superior direito do grafo do ato analítico (figura 01), marcado pela interseção entre duas negativas: "eu não penso" e "eu não sou". Podemos considerá-lo como o ponto de divisão subjetiva por onde é possível entrar no processo analítico.

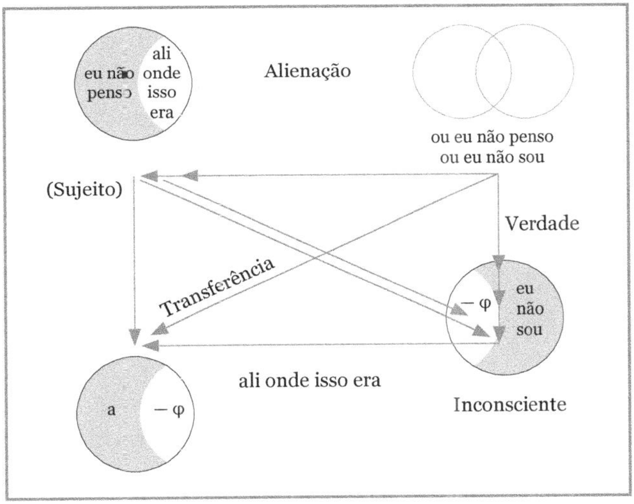

Figura 01 — Grafo do ato analítico apresentado por Lacan no seu seminário (1967-1968)

Portanto, como afirma Torres[21], uma vez atingido o ponto zero do esquema, ele se transforma num vel que implica a escolha: o conector conjuntivo que existia no *cogito* (penso, **logo**, sou) vai ser transformado em um vel disjuntivo (**ou** eu não penso... **ou** eu não sou), que é signo da escolha que o sujeito de linguagem é forçado a encarar[22].

---

[21]TORRES, R. *Dimensões do ato em psicanálise*. São Paulo: AnnaBlume, 2010.

[22]LACAN, J. (1967-1968) *O seminário, livro 15: o ato psicanalítico*. Inédito.

Na experiência clínica, sabemos que, deixado a si mesmo, a escolha preferencial do sujeito vai ser sempre o "eu não penso", característico da operação alienação (canto superior esquerdo da figura 01). No entanto, uma vez que essa escolha envolve uma desautorização ("eu não penso"), ela só pode levar a um "falso Eu", onde se encontra alojado não só o ser "inchado de imaginário", mas também toda forma de preconceito[23]. É um eu *fake* que serve de suporte para a consciência, mas é o Eu de todos nós. Segundo Dolar[24], é o lugar onde a "normalidade" se instaura e onde o sujeito se imagina como mestre [*m'être*] de seu ser.

Mas se ele se mostra como falso ser é devido a sua impossibilidade de acolher algo das moções pulsionais do *Isso*, que, por sua vez, não param de exigir satisfação. Por isso é um troço complicado sustentar esse Eu, pois ele exige uma grande dose de investimento. É um Eu que se mutila para não entrar em contato com "isso". De todo modo, apenso ao "eu não penso", perdura a marca do Isso sob a forma da frase "lá onde isso era".

É por seu ato que o analista convoca a sair dessa posição, colocando o inconsciente em jogo. Ali onde o candidato a analisante vem buscar uma resposta que dê sentido ao seu sofrimento, o ato analítico, desde o começo, precisa se assentar sobre o des-ser, sobre o saber (extraído da própria análise do analista) de que não há Outro do Outro.

O ato de colocar em jogo o inconsciente tem efeito de ruptura sobre o *cogito*. Uma dissociação entre os pensamentos

---

[23]*Ibid.*, aula de 10 de janeiro de 1968.
[24]DOLAR, M. Cogito as the subject of the unconscious. In: ŽIŽEK, S. *Cogito and the unconscious*. Durham NC: Duke University Press, 1998.

que vão surgindo e aquilo que o sujeito pensa que é: "por que eu me sinto assim, se não há motivos pra isso?"; "mas isso aconteceu há tanto tempo, não tem relação alguma com o que sinto agora"; "mas não foi isso que eu quis dizer!"; "mas eu nunca pensei isso antes!".

É a operação analítica, pela via do ato, que convoca a uma escolha, dessa vez levando o sujeito, pela via da operação verdade, a encontrar um pensamento que comporta um "eu não sou" (canto inferior direito da figura 01). É aonde conduz a tarefa da associação livre que compete ao analisante: por um lado, ele experimenta a castração a cada vez que fala, pois não consegue dizer exatamente o que quer; por outro lado, ele começa a se deparar com os efeitos disso que retorna sempre ao mesmo lugar sob a forma de um gozo.

Como afirma Lima, o analisante pode, sob transferência, acessar o lugar onde ele é e não pensa. Lugar que foi chamado por Lacan de "fechamento do inconsciente" e designado por Freud "como o tempo em que o sujeito, no lugar de rememorar, repete com o analista as relações fundamentais com seus objetos"[25].

A operação da transferência e a via significante aberta pela associação livre vão proporcionar ao longo de toda a experiência de análise uma alternância entre abertura e fechamento do inconsciente por onde, para além de uma elaboração do saber, o sujeito pode ir se experimentando na relação com o objeto e, pela incidência do ato analítico, um

[25]LIMA, M. A. C. O grafo do ato analítico. In: *Ágora (Rio J.)* Rio de Janeiro, volume 20, nº 1, março de 2017, p. 60. Disponível em *https://www.scielo.br/j/agora/a/YNTgMjmzP4gFMZ5BCtG5Rmb/?lang=pt*. Acessado em 8 de julho de 2021, às 14h36.

remanejamento do gozo. O manejo da transferência, pela via do corte que distingue demanda e desejo, vai provocando sucessivas quedas do objeto e, a cada queda, resta o traço ao qual o sujeito achava-se identificado: de um lado, a marca que funda o "não penso da alienação"; e do outro, o "não sou" do objeto de gozo que o sujeito experimenta.

Ao operar como semblante de objeto *a*, o analista permite a criação de um lugar vazio de onde o sujeito vai poder experimentar um certo distanciamento para reconhecer a engrenagem fantasmática que é a sua. Como diz Lacan, é só no final que esse objeto *a* que sempre esteve lá, comandando, é só no final que ele vai aparecer no real como "rejeitado pelo psicanalisando"[26].

Opera-se, portanto, pelo que se chama de castração, isto é, a disjunção entre $-\varphi$ e *a*, operação pela qual se pode vislumbrar o término de uma análise[27]. Sustentado pela diagonal da operação transferência, o analista que esteve na origem leva o sujeito até o pórtico onde estão dadas as condições para que, nesse lugar, se produza algo no nível de um imperativo ético: "lá onde isso era, eu devo advir"[28].

Aqui um outro franqueamento se faz necessário, um novo ato, um novo começo. Dessa vez, não mais a cargo do analista que conduziu a viagem até aqui, mas daquele que, tendo experimentado a queda do sujeito suposto saber, inventa outro modo de se orientar na existência: "há o psicanalista pela operação do psicanalisando, operação que

[26]LACAN, J. (1967-1968) *O seminário, livro 15: o ato psicanalítico*. Inédito.
[27]*Ibid.*, aula de 21 de fevereiro de 1968.
[28]LACAN, J. (1961-1962) *O seminário, livro 9: a identificação*. Inédito. Aula de 28 de março de 1962.

ele autorizou, de alguma forma sabendo qual é o seu final, e operação da qual ele se institui a si mesmo como ponto de chegada, malgrado, se posso dizer, o saber que tem do que é este final"[29].

A partir daqui, não há uma fórmula que diga como cada um vai se virar. Trata-se de um salto; e foi inclusive para recolher notícias da singularidade desse momento que Lacan inventou o dispositivo do passe. Uma pergunta que se esboça, então, é: uma vez experimentada a verdade-mentirosa das ficções e "fixões" que um sujeito inventou para lidar com a descoberta traumática da inconsistência do Outro, que fazer diante do resto de gozo inassimilável pela via do saber e que permanece na marca da experiência pulsional? Como continuar sustentando o desejo e a afirmação da vida, uma vez destituído o sujeito suposto saber e as esperanças que dele decorriam? A aposta de Lacan é que "de tudo isso ele [aquele que fez seu percurso] saberá criar uma conduta para si"[30]; frase enigmática, mas que remete ao orientar-se na relação com os outros e na existência.

Saber fazer-se uma conduta implica ir além do pai (da tradição, do opressor, do senhor), mas com a condição de saber servir-se dele. "Saber errar bem seu idioma", como diz Manoel de Barros[31], para arriscar-se, improvisar diante do não-todo, não mais contando com o "este-brilho" do gozo fálico como garantia, mas integrando o saber sem sujeito que

---

[29]LACAN, J. (1967-1968) *O seminário, livro 15: o ato psicanalítico*. Inédito. Aula de 21 de fevereiro de 1968.

[30]LACAN, J. (1972) O aturdito. In: *Outros escritos*. Tradução de Vera Ribeiro. Rio de Janeiro: Zahar, 2003, p. 489.

[31]BARROS, M. *O livro das ignorãças*. Rio de Janeiro: Record, 2004, p. 84.

se esboça na margem da janela onde antes estava a cortina fantasmática. Assim se pode ir inventando seu próprio estilo.

Para finalizar, gostaria de deixar dois exemplos com que me deparei durante minha pesquisa sobre o *jazz*. Um deles é um detalhe cômico da história do grande saxofonista americano Ornette Colemann (1930- 2015). Contam seus biógrafos que ele começou como autodidata, pois sua família, muito pobre, não podia pagar por uma formação musical. Já dominando o instrumento, ele tenta tocar em diversas bandas, mas ninguém o queria como integrante. Diziam que tudo que ele tocava saía desencontrado em relação àquilo que os demais músicos tocavam. Ocorre que o sax é um instrumento transpositor e a nota da partitura, geralmente escrita para piano, não corresponde à nota que o saxofonista deve tocar, sendo preciso adaptar. Mas Colemann, por ter estudado sozinho, não sabia disso. Para Martin Williams[32], esse fato, mesmo corrigido, explica a singularidade harmônica desenvolvida por Coleman desde o começo e que faz com que ele possa ser reconhecido em seu estilo.

O outro exemplo é uma situação dolorosa vivida pelos negros americanos que marcou sobremaneira o saxofonista John Coltrane. No ano de 1963, em Birmingham, Alabama, um ato terrorista perpetrado numa igreja pela Klu Klux Klan tirou a vida de quatro meninas negras: Addie Mae Collins, Denise McNair, Carole Robertson e Cynthia Wesley. Frente ao horror desse momento, Coltrane se fecha por uns dias em

[32]WILLIAMS, M. *apud* BERENDT, J. & HUESMANN, G. *O livro do jazz: de Nova Orleans ao século XXI*. Tradução de Rainer Patriota e Daniel Oliveira Pucciarelli. São Paulo: Perspectiva e Edições Sesc São Paulo, 2014.

sua casa, extremamente angustiado com a situação, e desse recolhimento nasce a peça chamada "Alabama"[33]. Mas, como diz um dos entrevistados no documentário *Chasing Trane*[34], o mais surpreendente é que, apesar de expor toda a dor e toda a luta daquele momento, a música não é um ato de ressentimento, mas, sim, um hino de amor por aquelas meninas e pelo povo negro em geral e, acima de tudo, a esperança de um mundo melhor.

Em que pesem as diferenças entre a arte e a psicanálise, talvez haja algo que possamos extrair desse fazer da improvisação, da singularidade e do estilo do *jazz* para pensarmos as respostas possíveis ao horror da nossa época.

---

[33]COLTRANE, J. Alabama. In: *Live at Birdland.* Nova Iorque: Van Gelder Studio, 1964.

[34]*Chasing Trane: the John Coltrane documentary*. John Scheinfeld. Estados Unidos, 2016.

A urgência e a pressa

BERNARD NOMINÉ[1]

Tradução de Lia Silveira

DESDE EINSTEIN, sabemos que o tempo não é esse fluxo contínuo que sofisticados relógios de movimentos atômicos poderiam medir para sincronizar todos na mesma hora. Os físicos nos mostraram que a passagem do tempo pode diminuir na aproximação de um corpo celeste de massa considerável. Eles também demonstraram que a passagem do tempo não é a mesma dependendo da velocidade a que um corpo é submetido. Mas não precisávamos desses detalhes para perceber que o tempo também é uma coordenada subjetiva, que ele não passa na mesma velocidade para todos e que para o mesmo indivíduo essa velocidade varia de acordo com o estado em que ele se encontra. Há momentos em que o tempo parece desacelerar, muitas vezes é um sinal de tédio, e há momentos em que parece que está a correr mais rápido, então falamos de excitação, ou mesmo de euforia.

---

[1]Psiquiatra, psicanalista, um dos membros fundadores da Internacional dos Fóruns da Escola de Psicanálise dos Fóruns do Campo Lacaniano, analista membro da mesma Escola e do Fórum do Campo Lacaniano da França.

No episódio de pandemia que vivemos, podemos observar simultaneamente essas variações opostas na sensação de escoamento do tempo. Durante o período de confinamento, tudo parece parar: nossos ritmos frenéticos de vida, nossas agendas sobrecarregadas, nossos aviões ficam pregados no chão, nossos trens trabalham ao mínimo, os terraços dos cafés e os restaurantes estão fechados, cada um permanece enclausurado em casa e o tempo parece longo.

Mas, ao mesmo tempo, todos os olhares estão voltados para o clima de urgência que prevalece nos hospitais, e a emergência sanitária impõe seu ritmo a toda a sociedade. Na urgência, tudo se acelera.

A própria palavra evoca, por sua etimologia, uma pressão. *Urgens* é o particípio presente do verbo latino *urgeo*, que significa primeiro pressionar, pisar o pé, esmagar um homem no chão pisoteando-o; é também pressionar alguém, apertá-lo, instá-lo a fazer algo. Compreendemos nessa etimologia que a urgência supõe um pedido premente, o peso de um pedido feito ao outro. A urgência é o que justifica pressionarmos o outro para que responda a uma demanda. O fator tempo é central nesta questão. O tempo pressiona. Bem, é o que dizem! Mas será que é realmente o tempo que pressiona? Não é bem assim, trata-se sempre de um sujeito que pressiona outro.

A urgência não é a mesma para todo mundo. Portanto, durante o período de confinamento, recebi vários telefonemas de pessoas que desejavam marcar uma sessão por questões urgentes. É claro que os recebi, assim como recebi aqueles que achavam mais importante continuar com o tratamento normalmente, apesar das dificuldades ao redor.

Um governo pode muito bem declarar estado de emergência, mas isso não tem nada a ver com o que faz a urgência para cada um. A urgência é uma questão de subjetividade, atesta a relação de cada sujeito com o tempo e com o Outro.

Do lado do tempo do Outro, há aqueles para quem nada pode ser feito até o último momento, a urgência é o motor deles, faz-se necessário apressá-los; inversamente, há aqueles que a urgência paralisa, precisam de tempo, e há ainda aqueles para quem é urgente não se apressar em responder ao que lhes é pedido.

Do lado do tempo próprio ao sujeito, há quem exija que seu pedido seja atendido imediatamente e há quem saiba esperar. Acrescentemos que também há quem evite ao máximo dirigir sua demanda ao Outro para não ter de esperar.

Desde o início do século XXI, os sociólogos têm se interessado muito pela aceleração e pelo tempo da urgência. O transporte vai mais rápido, o que encurta as distâncias geográficas e, portanto, os intercâmbios, o ritmo da produção industrial está se acelerando, enfim, a urgência se torna uma norma social. É o motor dos negócios. Nesse sentido, a etimologia nos ensina que se o *otium* é a hora de descanso, do lazer, o *negotium*, a hora dos negócios, é a sua negação.

Dito isso, não devemos acreditar que a aceleração que caracteriza nossa sociedade nos empurra todos para o negócio. Como tudo se acelera, pode-se livrar-se mais rápido do trabalho, e todos terão muito mais tempo livre do que seus ancestrais. Não há necessidade, portanto, de invocar o direito à lentidão, como alguns fazem para conter a urgência como uma nova norma social.

Os sociólogos também nos ensinam que o conceito de urgência nasceu originalmente da área médica no final do século XVIII, ou seja, na época em que a ciência permitia que todos esperassem que a medicina pudesse remediar a fatalidade da doença. Mas foi na década de 1970 que assistimos à organização das urgências nos hospitais, a organizações como a SOS Médicos, que se especializaram no atendimento de urgências, e, portanto, a uma nova qualificação dos médicos: os emergencistas. Eles se destacam particularmente nos tempos mais recentes, nós os aplaudimos como heróis. Que façamos deles heróis, isso não é de ontem. A famosa série de TV americana *ER — Emergency Room*[2] começou sua primeira temporada em 1994. Terminou em 2009. Nunca me deixei ser atraído por essas coisas, então não posso comentar sobre elas, mas acho que o mote era fazer o público participar da atmosfera elétrica de um serviço de emergência e contar as vicissitudes de seus heróis. O sucesso disso significa que existe, como diz o sociólogo Christophe Bouton[3], uma certa *embriaguez da urgência*.

Essa expressão soa verdadeira, ela consoa com minha experiência no início na medicina. Lembro-me daquelas noites que passei no pronto-socorro de um grande hospital parisiense. Dormíamos pouco, sentíamos que podíamos remediar a inevitabilidade do acidente, lutar contra a morte; havia um certo sentimento de onipotência nisso. Então, embriaguez da urgência, sim! E até mesmo gozo da urgência.

---

[2]No Brasil, o título foi traduzido como *Plantão Médico*.
[3]BOUTON, C. *Le temps de l'urgence*. Lormont: Le Bord de l'eau, 2013.

Seria interessante extrair seus fundamentos. Parece-me que a urgência descreve uma precipitação do tempo subjetivo que responde a uma determinada pontuação da passagem do tempo que chamamos de acidente. Um acidente é, por definição, um acontecimento imprevisto. Claro, alguns espíritos amargurados passam o tempo imaginando acidentes, mas o acidente geralmente é um real que sobrevém quando não se espera. Ele rompe o curso pacífico do tempo que havíamos programado. Mas, pensando bem, parece-me que o acidente é mais uma realidade do que um real. É real apenas na medida em que não foi pensado, não antecipado.

Na lógica de Aristóteles, o acidente é uma categoria do ser que se opõe à substância. O acidente não é da ordem do impossível, pertence à categoria da contingência. Para Aristóteles, συμβεβηκος, o acidente é o que acontece, mas nem sempre, nem necessariamente, nem frequentemente. Etimologicamente, é o particípio passado do verbo συμβαινω, o que anda junto, o que acontece. O latim traduziu: *accidens,* de *ac cadere*, o que cai ao lado. O que cai no acidente senão a ilusão de que a vida é como um longo rio tranquilo?

Portanto, a embriaguez do emergencista seria uma espécie de excitação maníaca que se apodera de quem chapinha nessas águas turbulentas e que se esforça ao máximo para restaurar uma corrente confortável que o faça esquecer o que, no acidente, se vislumbra do turbilhão da vida. O fascínio maníaco da embriaguez da urgência seria o correlato pulsional do fato de negar a morte.

Mesmo que o psicanalista deva saber responder aos casos de urgência, não podemos aconselhá-lo a compartilhar dessa embriaguez. Por meio de um famoso problema de lógica muito complexo, Lacan forneceu a seus alunos um pequeno tratado sobre como saber fazer com o tempo. Três tempos para se virar sem perder a cabeça: o instante de ver, o tempo de compreender e o momento de concluir. Ao ler esse apólogo com atenção, podemos deduzir que o sujeito não tem todo o seu tempo para realizar um ato. No que diz respeito à psicanálise, pode-se dizer também que o psicanalista não tem todo o seu tempo para responder à urgência da demanda que lhe é dirigida. Nesse tratado, Lacan faz a apologia não da urgência, mas da pressa.

Passo, portanto, a tentar fazer a distinção entre urgência e pressa. Do lado puramente semântico, acho que a distinção é simples. Na urgência, trata-se de apressar o outro ou de ser apressado pelo outro; enquanto, na pressa, apressamos apenas a nós mesmos. Mas é preciso dizer que, no uso comum, é fácil confundir urgência com pressa. Os artistas costumam falar da urgência de criar. Esse é o título de um livro de Jean-Philippe Toussaint: *L'urgence et la patience*[4]. Com esse par de opostos, ele caracteriza o tempo da escrita. Ele faz uma distinção entre os escritores da urgência — Dostoiévski, Kafka — e os escritores da paciência — Proust, Flaubert, por exemplo. Mas é claro que não há urgência em escrever. Quem teria pressionado Kafka ou Dostoiévski a escrever? Ninguém, creio eu, nem mesmo um editor. Mas que para alguns há necessidade de escrever na pressa, sim, disso não há dúvida.

Isso é curioso porque me traz de volta à pergunta que eu me fiz quando escrevia um livro sobre o tempo no ano

[4]TOUSSAINT, J.-P. *L'urgence et la patience*. Paris: Les éditions de minuit, 2012.

passado, um livro que acabou de ser publicado no início do último verão[5].

Nesse livro, proponho uma escrita do tempo, uma escrita deste objeto tempo que não se deixa prender nas redes da escrita, cujo objetivo muitas vezes é mesmo tentar impedir seu deslocamento. E essa questão da escrita do tempo torna-se outra que também me interessa: o tempo da escrita. Não escrevemos a qualquer momento, e Jean-Philippe Toussaint me sopra essa resposta no belo título de seu livro *L'urgence et la patience*. Embora eu entenda o que Toussaint quer dizer quando fala sobre a urgência de escrever, acho que seria mais justo falar de pressa, porque, novamente, ninguém apressa o autor a escrever, é ele mesmo que se pressiona.

Voltemos, pois, à pressa de que nos fala Lacan através de seu enigma dos três prisioneiros.

O enigma dos três prisioneiros

A história é a seguinte: um diretor de prisão oferece, a três presos que ele escolheu, a possibilidade de recuperar a liberdade caso respondam a um enigma lógico que consiste em que todos devem adivinhar, sem vê-lo, a cor do disco que carrega nas costas. Existe um dado básico, é que o diretor afirma ter cinco círculos: dois pretos e três brancos. Esse dado básico gera um axioma: é que se um prisioneiro vir dois círculos pretos, então ele sabe que ele é branco.

Uma parte do problema repousa nesse axioma, que é o que Lacan chama de o instante de ver. Em um único relance,

[5]NOMINÉ, B. *Le présent du présent: essai psychanalytique sur le temps*. Paris: Éditions Nouvelles du Champ Lacanien, 2020.

se alguém vir dois pretos, saberá que ele é branco. Mas isso é exatamente o que nenhum dos prisioneiros verá, pois o diretor maliciosamente colocou um círculo em branco em cada um. A solução ideal para o problema é a seguinte: chamemos os três prisioneiros de ***A***, ***B*** e ***C***. E raciocinemos no lugar de ***A***.

A, vendo dois círculos brancos, diz a si mesmo: "suponha que eu seja preto". ***B***, que eu vejo branco e que vê ***C*** branco, também pode dizer a si mesmo: "suponha que eu seja preto, ***C*** deve então ver ***A*** e a mim como pretos e, portanto, sair certificando-se de ser branco, pois, ao ver dois pretos, pode-se ter certeza de ser branco". Ora, ***B*** não vê ***C*** se mover, então ***B*** entende que sua suposição de ser preto está errada. Mas, de fato, cada um dos presos, na solução ideal, está na posição de ***A***, ou seja, cada um pode assumir que é preto, imaginar o raciocínio de um segundo e verificar que o terceiro não se move. Então, teoricamente, os três prisioneiros deveriam entender que eles estão usando um disco branco e caminhar juntos em direção à saída onde o diretor os espera para ouvir seus raciocínios. Mas, à medida que avançam juntos, eles devem se apressar, porque apenas o primeiro a encontrar sua cor por meio do raciocínio correto será liberado.

Lacan se opõe a essa solução, que qualifica de sofismo, fazendo o seguinte raciocínio: se depois de seu cálculo ***A*** começa a se mover em direção à saída, ele logicamente vê os outros dois fazendo o mesmo, pois o que é válido para ***A*** também é válido para ***B*** e para ***C***. Assim, vendo que ***B*** e ***C*** também se movem, ***A*** para, pois esse movimento de ***B*** e ***C*** põe em causa o seu raciocínio, e ele começa a duvidar de novo: será que é preto? Observe que ***A*** é quem faz a hipótese e se imagina no lugar de ***B***, que pensa. Há dois que fazem hipóteses e um terceiro que está olhando e a quem eles observam. Isso é o que Lacan resume no seminário *Mais, ainda*, dizendo que eles não são exatamente três, mas 2+ *a*. O terceiro é reduzido a um olhar e é objeto de especulação dos outros dois.

Mas voltemos à abordagem lógica. ***A*** para porque vê ***B*** e ***C*** se movendo. Raciocinamos a partir de ***A***, mas, mais uma vez, deve-se entender que cada um dos prisioneiros está raciocinando a partir da posição ***A***. Se ***A*** para, ***B*** e ***C*** também param, pois teoricamente raciocinam da mesma maneira. Vendo ***B*** e ***C*** pararem como ele, ***A*** pensa de novo e diz para si mesmo que, se ele é preto, ***B*** e ***C*** deveriam ter continuado ou então que, se tivessem começado a duvidar por um momento, vendo ***A*** preto, deveriam ter partido antes dele. Os três raciocinando da mesma forma a partir de ***A***, eis que se dirigem juntos para a saída.

Voltamos ao problema anterior, todos os três irão parar novamente, e o problema parece estar pronto para se repetir indefinidamente. É aqui que o raciocínio de Lacan é mais agudo.

> [...] desta vez, ***A*** só pode tirar da parada comum uma conclusão inequívoca. Trata-se de que, se ele fosse preto, ***B*** e ***C*** não deveriam ter parado em absoluto. Pois, no ponto presente, é impossível que eles possam hesitar uma segunda vez em concluir que são brancos: uma única hesitação, de fato, é suficiente para eles demonstrarem um ao outro que, certamente, nem um nem outro são pretos. Assim, se ***B*** e ***C*** pararam, ***A*** só pode ser branco. Ou seja, os três sujeitos,

> desta vez, são confirmados numa certeza que não permite que renasça nem a objeção nem a dúvida.[6]

Os três prisioneiros terão, portanto, parado duas vezes, mas não vão parar uma terceira e cada um se apressará para a saída.

O interesse desse problema lógico reside no fato de Lacan nos mostrar que a identificação do sujeito é um processo lógico e coletivo no qual os sujeitos devem levar-se em consideração. Identificar-se é encontrar o seu lugar em um coletivo.

Mas esse sofisma lacaniano vai muito mais longe, pois nos mostra que, nesse processo de pura lógica, há uma dimensão de tempo que é realmente a característica de cada sujeito e que esse tempo não é simplesmente o tempo que passa, o tempo que cada um leva para decidir dizer o que ele é, mas que esse tempo é descontínuo; ele é feito de pausas que Lacan designa como *escansões suspensivas*. O que determina o sujeito não é, portanto, simplesmente a lógica do significante que foi colado em suas costas e todas as combinações que ele precisa fazer para encontrar seu lugar em relação aos outros. O que também o determina é o manejo do tempo que lhe é peculiar e que significa que primeiro ele terá que contar com o *instante de ver*, em que nunca verá dois pretos que possam lhe dar a certeza de que ele é branco; depois, precisará do *tempo de compreender* por que os outros dois param uma primeira vez; depois, novamente, o *instante de ver* que os outros dois avançam ao mesmo tempo

[6]LACAN, J. (1945) O tempo lógico e a asserção de certeza antecipada. In: *Escritos*. Tradução de Vera Ribeiro. Rio de Janeiro: Zahar, 1998, p. 201.

que ele e param de novo e, finalmente, o *momento de concluir* e de se precipitar na pressa, sem correr o risco de recair na dúvida que poderia gerar uma vez mais a contemplação do movimento dos outros dois.

Ao retomar esse apólogo em 1955[7], Lacan insiste no fato de que há uma distinção a ser feita entre a linguagem e suas leis lógicas, aqui fixadas pelo diretor da prisão, que distribui os discos após ter anunciado que tinha dois pretos e três brancos, ou seja, uma oposição significante duplicada em uma dissimetria, e depois o discurso, o fato de que cada um deve conseguir se definir graças ao discurso para dizer o que pensa que é. Devemos, portanto, distinguir entre a linguagem, que tem todo o tempo do mundo — ela já estava aí antes mesmo de cada um de nós —, e a palavra, que por sua vez não tem todo o tempo do mundo, mas que se marca por uma relação particular do *falasser* com o tempo: a pressa.

É aqui que encontramos o famoso objeto *a-t*[8], e aproveito a oportunidade para enfatizar que ele funciona como objeto da separação. Com efeito, se o momento de ver e o tempo de compreender são tempos alienados ao outro, o tempo de concluir pela pressa não é alienável nem ao tempo do outro, o semelhante, nem ao tempo do Outro. Na lógica lacaniana, é o objeto *a-t* que permite escapar do sofisma.

---

[7]LACAN, J. (1954-1955) *O seminário, livro 2: o eu na teoria de Freud e na técnica psicanalítica*. Tradução de Marie Christine Laznik Penot com a colaboração de Antonio Quinet. Rio de Janeiro: Zahar, 1985, p. 359, aula de 15 de junho de 1955.

[8]Nota da tradutora: Expressão que equivoca "objeto *a*" e a palavra *hâte*, que em francês significa "pressa", ao mesmo tempo que introduz a letra "t", de tempo.

É muito surpreendente ver que na época em que Lacan produziu esse texto complicado ele mal evocou a psicanálise. Ele usa seu apólogo para criticar o sujeito psicológico, mas ele não fala efetivamente de psicanálise. No entanto, quando refletimos um pouco sobre isso, podemos dizer que essa pequena fábula lógica descreve muito bem o percurso de uma análise.

Um tratamento analítico serve para se libertar do peso das identificações que se herdou do Outro, e uma análise traz à tona o sujeito em sua relação com o tempo. O sujeito se orienta por suas pausas, seus atrasos, seus avanços e sua pressa. É por isso que é preciso tempo para saber e dizer quem se é.

Ora, pode-se objetar que numa análise há apenas dois personagens: o analisando e seu analista, e não três prisioneiros e um diretor de prisão. Mas, em uma análise, não há dois, mas pelo menos 2+ a. Como no apólogo, os prisioneiros, na hora de seus cálculos, não são três, mas 2+ a. E ao nível desse 2, embora estejam em perfeita igualdade de posição, devemos distinguir um primeiro, vamos chamar de S_1, e um segundo, S_2. Quando ***A*** se pergunta sobre ***B***, ele deduz sua posição S_1 do que ***B*** retorna a ele como S_2. Portanto, temos S_1, S_2 e a. Esse a é o terceiro para os outros dois, tem um status separado no raciocínio de ***A*** e ***B***. No nível do raciocínio lógico, os três lugares — ***A***, ***B*** e ***C*** — não são homogêneos.

A é a posição de quem deve assumir-se como preto. ***B*** é o lugar que reservamos para aquele a quem supomos o mesmo raciocínio, aquele que também se diz: se eu fosse preto... Mas ***C*** indexa o lugar não daquele que não se supõe calcular, mas apenas daquele que olha e reage. Ele deve sair primeiro se viu dois pretos. O lugar de ***C***, pequeno *a*, não é o lugar de quem avalia, mas o lugar de quem reage ao que vê. Portanto, este não é um lugar verdadeiramente subjetivo. É um lugar de objeto que reage à lógica da experiência.

Em uma análise, é evidente que o analisando supõe que o analista pensa isso ou aquilo dele. Nesse sentido, o analisando é como ***A*** que supõe o raciocínio de ***B***. Mas se o analista reage como um parceiro que pensa e calcula como ***B***, então não estamos no discurso analítico, estamos em uma relação intersubjetiva comum. É porque o analista apenas finge ser um parceiro, mas ocupa, de fato, a função do objeto, que ele se abstém de pensar e só reage como ***C***, isto é, logicamente; ele pode então reenviar o analisando de volta para sua divisão, isto é, ao seu trabalho.

Resta saber por que esse objeto *a* é chamado por Lacan de *a-t*, com o possível equívoco entre pressa [*hâté*] e ateísmo [*athée*].

"A interpretação precisa ser presta para prestar o entrepréstimo"[9], diz Lacan em seu texto "Televisão". Entrepréstimo [*entrepêt*] é uma palavra antiga usada para caracterizar a interpretação que se situa entre duas línguas. Quer dizer que a interpretação tem como alvo o espaço entre S_1 e S_2. A interpretação deve suspender a resposta comum, S_2, que vem naturalmente depois de S_1, é nesse sentido que Lacan evoca a pressa. A interpretação deve ser rápida, como o chiste, para deixar escancarado, por um momento, o espaço que existe entre um primeiro significante e o significado

[9]LACAN, J. (1973) Televisão. In: *Outros escritos*. Tradução de Vera Ribeiro. Rio de Janeiro: Zahar, 2003, p. 543.

fornecido pelo segundo significante. Toda a psicanálise está aí, nesse tempo suspenso entre os significantes que permite ao sujeito, apressadamente, libertar-se, tomar distância dos significantes do Outro e, portanto, separar-se da significação que aliena ao Outro, donde podemos recolher a referência implícita ao ateísmo. Na verdade, tomar distância em relação ao tempo da significação, a mais primordial que seja, do Outro que te deu a vida e te lançou no tempo, não é tarefa fácil. Supõe-se uma certa dose de ateísmo para poder se separar desse Outro suposto eternamente presente.

A pressa e o ato

Os filósofos da Antiguidade enfatizaram o quão evanescente é o presente. Os estoicos, tendo feito essa observação, propunham-se a apreendê-lo a partir da ação. Era um princípio ético para eles. Marco Aurélio teria dito: "devemos usar o presente". Visto que o presente resiste a se deixar levar por nossos conceitos, somos reduzidos a poder defini-lo apenas por meio de nossas ações. Desempenhar um ato é tornar-se agente do tempo, é algo diferente de submeter-se a ele. Tal ato é uma quebra no fluxo do tempo. Marca uma ruptura entre um antes e um depois. Isso implica que o ser de quem o sustenta também é modificado. Mas nada pode garantir a quem faz um ato que o futuro estará à altura de suas esperanças. Essa falta de garantia confere um valor ético ao ato. Sustentar um ato pressupõe que se corra esse risco, que se esteja liberado do medo do que possa acontecer. Ao mesmo tempo, o ato só pode ser identificado como tal na ruptura que faz com o passado. O momento do ato é, portanto, um puro presente.

Atravessar o Rubicão

"Alea jacta est, a sorte está lançada!", César teria dito no momento em que decidiu cruzar o Rubicão. Quando os dados são lançados, você não volta atrás, você confia na sorte, ou seja, na sua estrela da sorte.

Para atravessar esse pequeno rio que mal percorre 29 quilômetros antes de desaguar no Adriático, foi necessário justamente que César se libertasse do valor simbólico desse limite que nenhum exército deveria cruzar para entrar na província de Roma. César se liberta do passado escrito na lei simbólica, ele não teme o futuro porque é a sua hora.

Querendo saber um pouco mais de sua pessoa, fui buscar nas memórias de César o que ele tinha a dizer sobre esse momento decisivo. Curiosamente, em seu tratado sobre a Guerra Civil, ele relata a arenga que fez diante de Rimini para convencer suas tropas a segui-lo na justeza de seu ato, mas nunca menciona o famoso Rubicão. Foram os historiadores da época, Suetônio e Plutarco, que, *a posteriori*, sublinharam o significado simbólico dessa travessia.

É como se esse puro presente ao qual o sujeito se iguala em seu ato não pudesse ser inscrito por seu próprio autor, mas precisasse ser registrado *a posteriori* em um discurso proferido por outrem. Esse tipo de esquecimento, que se poderia atribuir a César, atesta sua divisão na hora do ato. Um ato não é feito exatamente em plena consciência. Um ato requer uma qualidade de presença que vai além da vontade e da consciência. Trata-se de estar presente à lógica do próprio desejo, de estar na hora desse encontro.

É essa pontualidade que falta ao neurótico e principalmente ao obsessivo. Daí sua dificuldade em sustentar um ato. Ele é impedido de fazê-lo por sua procrastinação, que o faz atrasar o momento de passar à ação, e por suas dúvidas, que o impedem de escolher entre duas ações que se opõem. Seu tempo costuma ser o último momento, quando, pressionado por prazos que não são seus, ele não tem escolha. É aqui que ele pode se precipitar em passagens ao ato impensadas e muitas vezes ineficazes.

O RITUAL OBSEDANTE

Tenho notado que os neuróticos obsessivos tendem a tentar justificar seus rituais de verificação dizendo que não têm certeza se fizeram certo tal e tal coisa. Então, eles devem refazer seus passos para verificar, uma, duas, três vezes, se a porta está bem fechada, por exemplo.

Tendo ouvido um sujeito obsessivo por muito tempo, entendi que, provavelmente muito envolvido em seus pensamentos, suas ruminações, ele não estava presente ao que estava fazendo ao fechar a porta. Então ele tinha motivos para duvidar de ter fechado a tal porta. Ele não conseguia se ver fechando a porta corretamente. É como se o ato de fechar a porta não tivesse ficado inscrito no seu passado, portanto ao nível do simbólico, e fosse preciso que ele remediasse com a imagem, que teve de ir ver com seus próprios olhos, o estado da porta. Mas assim que a porta some de vista, a dúvida volta. Se o ato de fechar a porta não se inscreveu para ele, é porque ele não estava presente no momento daquele ato. E se ele não estava presente na hora de fechar a porta, provavelmente era porque, no fundo, seja o que for que parecesse, ele não queria fechar a porta. Fechar a porta é um ato, é um recuo que se recorta, o que obriga a seguir em frente.

Para outros neuróticos obsessivos, a porta é uma passagem difícil de atravessar, e alguns nos dizem que precisam pensar em fórmulas mágicas ou realizar gestos rituais para cruzar esse umbral. Em termos borromeanos, poderíamos dizer que o sintoma obsessivo redobra um registro simbólico que não está corretamente amarrado aos outros dois.

Essa necessidade do sintoma obsessivo não predispõe esses sujeitos a cruzar o menor Rubicão. Eles podem seguir os passos de quem o atravessa, ou podem imitá-lo, mas isso não equivale a um ato.

O obsessivo tem dificuldade em sustentar um ato. Shakespeare nos demonstrou magistralmente com sua tragédia de Hamlet, sempre na hora do Outro. Mas o que não aparece no personagem shakespeariano é a posição privilegiada do sujeito obsessivo, sempre atrás de um mestre, nunca na linha de frente.

Isso nos traz de volta à dialética hegeliana. O sujeito obsessivo aparece ali como escravo, raramente como mestre. Lacan nos indica em seus *Escritos* que, se o escravo se esquivou da morte no campo de batalha, é porque sabe muito bem que é mortal. Mas Hegel não levou em consideração que esse escravo que se sabe mortal sabe muito bem que o senhor pode morrer. O escravo aceita trabalhar para o mestre e renunciar ao seu prazer, mas é na espera da Grande Noite que marcará a morte do mestre. "Tal é a razão intersubjetiva tanto da dúvida quanto da procrastinação que são traços de caráter no obsessivo"[10].

[10]LACAN, J. (1953) Função e campo da fala e da linguagem em psicanálise. In: *Escritos*. Tradução de Vera Ribeiro. Rio de Janeiro: Zahar, 1998, p. 315.

O que caracteriza a posição do escravo é que ele não age por conta própria e que seu trabalho lhe é expropriado. Transpondo essa configuração dialética para o neurótico obsessivo, Lacan nos permite entender por que o sujeito obsessivo não está no que ele faz. Assim como o escravo que trabalha apenas para o amo, o que ele faz não é para ele. "[Sua obra] escapa-lhe igualmente", escreve Lacan, "pois ele próprio 'não está ali', está no momento antecipado da morte do mestre/senhor, a partir da qual viverá, mas à espera da qual se identifica com ele morto, mediante o que ele mesmo já está morto"[11].

É apoiado nesse modelo que Lacan descreve a estratégia do analisando obsessivo, que se esforça para demonstrar sua boa vontade, mas que, no entanto, fantasia com a morte de seu analista. É aqui que os defensores da ortodoxia freudiana defendem a análise da resistência do paciente. Procedimento inútil e ineficaz, segundo Lacan; sua experiência o levou muito mais a introduzir a noção de ato analítico para designar a ação do analista, visando frustrar o estratagema da boa vontade sobre o modo do koan dos mestres zen, que desestabilizam seus discípulos mais zelosos para fazê-los aceder ao despertar budista.

O koan é uma formulação muitas vezes paradoxal, uma pontuação surpreendente, às vezes acompanhada por um gesto brutal, com a intenção de descolar o requerente do nível básico de sua expressão. Depois de ter comparado seu método de pontuação pela sessão curta com a prática dos mestres zen, Lacan especifica:

[11] *Ibid.*, p. 315-316

> Sem chegar aos extremos a que é levada essa técnica, uma vez que eles seriam contrários a algumas das limitações que a nossa impõe, uma aplicação discreta de seu princípio na análise parece-nos muito mais admissível do que certas modalidades ditas análise das resistências, na medida em que ela não comporta em si nenhum perigo de alienação do sujeito.[12]

O ato analítico

O primeiro nível do ato do analista, segundo Lacan, é a pontuação da sessão. Ao introduzir seu estilo de sessões curtas, Lacan cruzou o Rubicão da ortodoxia freudiana, que preconizava a imitação de Freud na duração fixa das sessões de cerca de cinquenta minutos. Foi, portanto, um ato em dois níveis: no nível de sua prática diária com seus analisantes, mas também no nível da comunidade analítica, que se acomodou a uma prática obsessiva ritualizada da sessão de análise.

A prática lacaniana se baseia na ideia de que o que acontece em um tratamento analítico é da ordem de um processo dialético. Como tal, o final da sessão funciona necessariamente como uma pontuação. Confiar o cuidado à ampulheta é deixar a mão ao analisando e estimular seu cálculo obsessivo, suas antecipações que o protegem. Se o analista se torna o agente da pontuação, então isso pode dar outra saída para o discurso do analisando.

A pontuação participa do sentido. A prática hermenêutica dos textos sagrados mostra facilmente, escreve Lacan, que "a ausência de pontuação é uma fonte de ambiguidade,

[12] *Ibid.*, p. 317.

a pontuação fixa o sentido, sua mudança o transforma ou o transtorna e, errada, equivale a alterá-lo"[13].

A pontuação perturba, altera o significado de um enunciado. É a dimensão da enunciação que intervém na interpretação do enunciado. E o que opera nessa enunciação é um certo manejo do tempo.

O tempo é, portanto, um fator essencial no ato do analista. Esse ato do analista — precisamos especificá-lo? — limita-se ao registro do dizer. Mas, ao intervir como pontuação no discurso do analisando, pode também conferir-lhe a dimensão de um dizer. Então, o analisando se adaptará ao ritmo de seu dizer e à pressa que isso implica. Poderíamos, talvez, adotar o ponto de vista da filosofia chinesa, que distingue o momento do tempo, lembrando que, embora o dizer tenha seu momento, não tem todo o tempo do mundo.

Para se adaptar à realidade presente de seu tempo e à presença particular de cada um de seus analisantes, o psicanalista não tem todo o tempo do mundo. Seu ato é estruturalmente realizado na lógica de um tempo apressado, mas deve ser capaz de resistir à urgência do entorno.

Se Gabriel García Márquez pudesse adaptar *O amor nos tempos do cólera*[14] para a época em que vivemos, onde estamos nós e também nossos pacientes mais ou menos pressionados pela urgência que a pandemia nos impõe, quem sabe ele tirasse um tempo para escrever *A psicanálise na época do coronavírus*.

Fevereiro de 2021

---

[13] *Ibid.*, p. 315.

[14] MÁRQUEZ, G. G. (1985) *O amor nos tempos do cólera*. Tradução de Antonio Callado. Rio de Janeiro: Record, 2016.

O destino da falta no processo analítico

ZILDA MACHADO[1]

NINGUÉM ADMITE A FALTA FUNDAMENTAL como estando sempre ali. O que aponta a estrutura é a maneira como cada um usará um mecanismo específico para recobri-la. Ou seja, ninguém consente com o S(Ⱥ) na entrada da linguagem, sendo esse o produto a que uma análise pode levar o sujeito. Ao contrário, a percepção da falta é sempre acompanhada pela angústia que forja a defesa. É que a falta, quando chega ao saber, nos diz Lacan, é percebida como perda — no corpo[2]. Portanto, como ele mesmo nos aponta em "A significação do falo", o complexo de castração é ponto nodal da estrutura[3], é a tradução da falta primordial em perda, ou seja, em falta fálica, e o sujeito se vê reduzido ao seu corpo ameaçado de castração. Daí advém a angústia, o afeto que não mente.

---

[1]Psicanalista, membra da Escola de Psicanálise dos Fóruns do Campo Lacaniano e do Fórum do Campo Lacaniano de Belo Horizonte.

[2]LACAN, J. (1962-1963) *O seminário, livro 10: a angústia*. Tradução de Vera Ribeiro. Rio de Janeiro: Zahar, 2005, p. 149, aula de 30 de janeiro de 1963.

[3]LACAN, J. (1958) A significação do falo. In: *Escritos*. Tradução de Vera Ribeiro. Rio de Janeiro: Zahar, 1998, p. 692.

Todo o aparelho psíquico é constituído sobre esse andaime. O neurótico vela o vazio da estrutura com o recalque e traduz a falta em ameaça de perda. Aqui, o falo como operador — ter ou ser o falo — vem ao recurso do sujeito para se orientar na partilha dos sexos e na batalha da vida. Aí está o recurso ao pai como o polo onde o falo é suposto estar.

Mas esse véu é roto, nem tudo da falta fundamental pode ser traduzido em perda como falta fálica. Trata-se do outro operador para a falta — o objeto *a* —, pois há ainda uma outra perda, mais delicada, que chega ao saber de maneira sensível e de forma mais radical ainda, como nos demonstra o diálogo entre Rosencrantz e Guildenstern que Lacan traz no início da lição de 6 de dezembro de 1967 do seminário 15[4]. "O que houve do momento em que o sujeito se depara com o saber sobre a morte?" Aí o falo como operador é insuficiente. É uma perda mais radical. Não se trata de ameaça de castração. A angústia é mais densa, pois o que surge é o desamparo do sujeito. A falta no Outro é escancarada. Nesse ponto, não há o pai que possa — com a potência fálica — responder; o pai, nos melhores casos, comparece como no sonho do filho que diz: "Pai, não vês que estou queimando?"[5]. Ali um pai só poderia responder com um "Infelizmente, não vejo — sou

---

[4] Diálogo disponível no *https://www.youtube.com/watch?v=lWMU7wi77u4&feature=youtu.be*. Acessado em 16 de julho de 2021, às 10h52. Uma tradução ao português do seminário 15 traz a seguinte nota: "[Rosencrantz e Guildenstern são] personagens secundários de *Hamlet*, que Hamlet envia à morte que lhe estava destinada. O dramaturgo inglês Tom Stoppard reescreveu a tragédia pelo ponto de vista dos dois, com o título *Rosecrantz and Guildenstern are dead*. A peça estreou em Londres em 1967 com grande sucesso e em 1990 foi transformada em filme dirigido pelo próprio Stoppard."

[5] FREUD, S. (1900) A interpretação dos sonhos. In: *Edição standard brasileira das obras psicológicas completas de Sigmund Freud. A interpretação*

tão desamparado quanto você". Segundo Lacan, esse sonho é homenagem à realidade faltosa[6]. A única coisa que do pai poderia aparecer aí é o objeto *a* — o olhar –, "não vejo". Um abraço de duas faltas. Dois humanos irmanados na falta que os constitui como seres falantes. Pura impossibilidade. Aqui, portanto, a falta se localiza pelo objeto *a*, resto da constituição do sujeito como dividido e do Outro como barrado. Sobre esse desalento, o sujeito precisa tecer. Compor com a fantasia, $\$\lozenge a$, construir um sintoma que venha suprir a insuficiência do Outro. Esse núcleo real — buraco negro da estrutura marcado como falta de representação, impossível de ser simbolizado, onde nenhuma significação vem ao socorro do sujeito — é o lugar do recalque originário, o objeto *a* lógico, o umbigo do sonho. Daí provêm todas as formações do inconsciente, cuja função é justamente velar esse ponto real da estrutura.

A genialidade de Freud criou um novo discurso, cujo efeito sobre aquele que aí se aventura é, pelo ato psicanalítico, realizar uma outra operação, fazer com a castração e o desamparo. Pelo processo analítico, a falta que foi transmutada, traduzida em perda, pode ser outra vez transmutada — dessa vez em causa, causa de desejo. Mas, para encontrar essa saída, é preciso — tem uma precisão lógica — consentir a perda, consentir a castração. Topar perder, ou seja, pagar a libra de carne para se ter acesso ao desejo. A "presença

---

dos sonhos (II) e Sobre os sonhos (1900-1901). Direção de tradução de Jayme Salomão. Rio de Janeiro: Imago, 1996, p. 468.

[6]LACAN, J. (1964) *O seminário, livro 11: os quatro conceitos fundamentais da psicanálise.* 3ª edição. Tradução de M. D. Magno. Rio de Janeiro: Zahar, 1988, p. 60, aula de 12 de fevereiro de 1964.

do analista" é o instrumento necessário que garante toda a operação, pois esse sujeito, capaz agora de ocupar tal lugar, já realizou esse processo em sua própria análise. É o analista com seu ato que garante a operação analítica. É ele que testemunha a abertura da hiância, e sua função é, portanto, sustentar a falta como perda sem recobrimento, esta que poderá ser subjetivada como castração e derivada, ao final, em causa de desejo.

A travessia da fantasia é fruto da disjunção entre o *a* (o resto da divisão subjetiva) e o $-\varphi$ (o falo imaginário que só aparece como negativado). O sujeito é reduzido à sua divisão ao esgotar a via significante na análise. Segundo Quinet, citando a primeira versão da "Proposição de 9 de Outubro de 67", ali ele se sabe então "pura falta enquanto $-\varphi$" e "puro objeto enquanto (*a*)". Ali, "essa falta correlata à castração e esse objeto causa de desejo têm a mesma estrutura: a que 'condiciona a divisão do sujeito'"[7].

Após as inúmeras voltas na cadeia significante, no tempo de compreender, o ponto de chegada do sujeito na análise se torna o desvelamento de seu lugar enquanto resto da operação de transferência, pois o analista esteve ali sustentando o lugar de semblante de objeto *a*. Então, no ponto de eclipse do sujeito, onde ele se apresenta não como representado na cadeia significante, mas na posição de objeto *a*, como objeto do desejo e do gozo do Outro, o que se desvela é que, não havendo o Outro, pois este não existe, mas veio sendo sustentado pela fantasia, o sujeito encontra com seu próprio ser

[7]QUINET, A. *As 4+1 condições da análise*. Rio de Janeiro: Zahar, 1993, p. 117.

de gozo, sem álibi, num beco sem saída. É então que o objeto *petit a, petit hâte* — que, por estrutura, funciona como o que pode dar com uma saída na pressa —, pode levar o sujeito a concluir, a passar ao ato, ao ato psicanalítico.

Pode, assim, aparecer no sujeito um desejo novo — o desejo do analista, desejo de saber —, nesse ponto onde há a ereção do ser do desejo, coincidindo o S(Ⱥ) com o falo simbólico (Φ), signo da assunção da castração, e o objeto *a* como causa. Talvez aí também ocorra a incidência do que Lacan denomina a "segunda morte"[8], aquela que libera o sujeito do fardo de uma vida sob a ameaça da castração e do temor da morte. O sujeito pode, então, se tornar não um destemido, pois não é disso que se trata. "O que a vida quer da gente é coragem"[9], diz-nos Guimarães Rosa. Coragem de arriscar, *a* riscar. Riscar, traçar o caminho com os pés no ato mesmo de caminhar, afirmando com o seu movimento a vida, prestando um tributo ao milagre da existência.

---

[8]LACAN, J. (1959-1960) *O seminário, livro 7: a ética da psicanálise*. Tradução de Antonio Quinet. Rio de Janeiro: Zahar, 1988, p. 301, aula de 25 de maio de 1960.
[9]ROSA, J. G. (1956) *Grande sertão: veredas*. 19ª edição. Rio de Janeiro: Nova Fronteira, 2001.

O ato analítico e os outros

JULIETA DE BATTISTA[1]

Traduzido por Thalita Castello Branco Fontenele

Um início

O que é o ato psicanalítico? Como distinguir o que especifica o ato psicanalítico e diferenciá-lo de outros tipos de atos? Essa questão persiste para Lacan durante seu ensino de 1967-1968. Porque é claro para ele que pode haver muitas formas do ato: o ato político, o ato revolucionário, o ato heroico, o ato trágico, o ato notarial, o ato ilustrado, o ato cerimonial, o ato tradicional, o ato meritório ou mesmo o ato exemplar, para citar apenas alguns daqueles que ele evoca nesse percurso do seu ensino.

Mas Lacan está interessado em falar para os psicanalistas e questionar o ato psicanalítico. Os outros tipos de atos são apenas mencionados, mesmo em pleno maio de 1968. E alguma piada (?), como a da última aula do seminário sobre o

[1]Psicanalista, analista da Escola dos Fóruns do Campo Lacaniano (2018-2021). Doutora em Psicopatologia pela Universidade de Toulouse. Professora na Universidade Nacional de La Plata e docente na Universidade de Buenos Aires.

ato, em 15 de maio de 1968. Ali Lacan comenta o encontro com um dos cabeças dos protestos que poucos dias antes haviam desmontado parte das ruas do *quartier latin* para armar as barricadas. Um desses líderes interpelou os analistas que formavam parte da Escola Freudiana de Paris acerca do que a insurreição poderia esperar deles. Lacan revisita esse diálogo e considera que essa é uma forma "absolutamente louca" de colocar a pergunta. Em troca, afirma: "Me canso de dizer que os psicanalistas deveriam esperar algo da insurreição", e adiciona: "O que a insurreição queria esperar de nós? A insurreição lhes respondeu: por enquanto o que esperamos de vocês é que nos ajudem a lançar tijolos!"[2]. Lacan faz o chiste do tijolo como objeto *a*, mas é outra a função que se espera desse objeto na análise. O que me interessa ressaltar é essa diferença, essa reversão entre o que se espera dos analistas diante da insurreição e o que os analistas esperam da insurreição.

Por que Lacan disse isso naquele momento? Inclusive se atreve a dizer que assinar as solicitações do protesto enquanto psicanalistas lhe parece uma maneira muito cômoda de considerar que cumpriram com os acontecimentos, acreditar por isso haver estado à altura deles.

Claro que não tenho a resposta, mas me importa recuperar a pergunta para a nossa atualidade — a qual eu deveria tentar caracterizar um pouco mais, tarefa que não poderei cumprir de todo, tampouco aqui. Apenas vislumbro duas questões bem conhecidas: por um lado, a notável escalada

[2]LACAN, J. (1967-1968) *O seminário, livro 15: o ato psicanalítico*. Inédito. Aula de 15 de maio de 1968.

na autopromoção pessoal que se tem visto favorecida pelas redes sociais e, por outro, o impacto que a pandemia tem tido em nossas vidas cotidianas — perdas, incertezas, gestão deficiente, mal-estar crescente, estado constante de urgência.

O PRÓPRIO DO ATO ANALÍTICO

Talvez retomar alguns marcos do seminário sobre o ato nos permita balizar sua especificidade. Não sem antes ressaltar que é um seminário que se inicia quase que imediatamente depois da apresentação da "Proposição de 9 de outubro de 1967 sobre o analista da Escola" e que, ao longo das aulas, Lacan arrisca outra inovação: a de criar uma publicação de Escola cujos artigos não seriam assinados em nome próprio — a revista *Scilicet*. Eu os entendo como dois atos que tentam renovar em algo a prática do psicanalista nesse momento e colocar em questão o que vigorava até então sobre a psicanálise chamada "didática" e sobre a transmissão.

Lacan imaginava outras formas de demonstrar a qualificação do analista que não as da autopromoção nem as de promoção institucional ritualizada. Também pretendia inovar na política das publicações, desatá-las um pouco do nome próprio, sem que isso significasse cair no anonimato. Havia, então, uma interrogação acerca dos afetos de idealização da posição social do analista, os efeitos de consagração e, inclusive, acerca do que se podia exigir da vida privada dos analistas (Será que eles levam uma vida "feliz"? Será que estão à altura dos acontecimentos?).

Que haja um analista não é evidente? O que precisa ocorrer para que isso seja possível? Quais são as consequências do ato que implica a existência do analista?

O ato analítico é algo bem estranho, não é um ato que alguém possa possuir e se aninhar ali. Não há dono nem presença do sujeito no ato. Lacan o define por um dizer que suscita um desejo novo, institui um começo ao franquear certo umbral e só pode ser lido *après-coup*. Mas isso não é o que faz do ato um ato analítico. Poder-se-ia dizer isso de todo ato.

O que especifica o ato analítico é que o analista está em posição de suportar a transferência cujo nó é o sujeito suposto saber[3].

Fora da transferência não há ato analítico[4]. Só um analista pode inaugurar em um começo as condições da análise: o cumprimento da regra fundamental. Inaugura, assim, outra forma de falar, um novo laço social, faz emergir a outra cena. Só um analista pode autorizar, suportando a transferência, esse início. O trajeto ocorrerá por conta do analisante, que tem que "fazer a prova de se perder e se reencontrar"[5].

O curioso de tudo isso é que o analista autoriza essa entrada sabendo o que acontecerá na saída. O ato de fé renovado no sujeito suposto saber terá um destino de queda, de redução, "na análise se trata de apagar do mapa a função do sujeito suposto saber"[6]. O analista já sabe pela experiência da sua própria análise qual é o destino do trajeto: o sujeito suposto saber cai, não há nada mais do que suportar ser esse resto, esse objeto perdido, e verificar que

[3]*Ibid.*, aula de 17 de janeiro de 1968.
[4]*Ibid.*
[5]*Ibid.*, aula de 7 de fevereiro de 1968.
[6]*Ibid.*

esse objeto causa o desejo. Isso é um golpe, um golpe ao analista, um choque, como uma espécie de trauma do nascimento do analista. Quem se torna analista após uma análise já sabe qual é o destino final: ser jogado fora, ejetado, expulso, deposto.

Sem dúvidas, isso é algo muito estranho, inclusive, Lacan disse que se propor analista é a "consequência mais estranha do ato analítico". O destino do analista se separa da idealização ou da consagração, é um destino de merda, esse ato se renova mesmo sabendo quais foram as consequências. Não ser mais do que o suporte desse objeto *a* está no cerne do nó transferencial: renovação inicial do ato de fé no sujeito suposto saber apontando à sua redução, sua suspensão, ao des-ser, ao desmantelamento do todo, ao não desejar o impossível.

Já se vê que o ato analítico não é um ato como os demais, senão um ato de "estrutura bastante excepcional"[7] que não conduz a nenhuma autopromoção nem consagração, mas possibilita afirmar-se de outra forma no desejo. Essa "escolha"[8], que pode levar à instauração do ato analítico no final, pode não ser querida nem assumida, senão resistida.

Não há analista sem esse "tendo sido analisante", mas pode haver analisantes que ao final de seu trajeto se encontrem em outros destinos, outros atos, e não atos analíticos. Uma coisa são as condições de possibilidade, a oportunidade de que haja analista, e outra coisa é que se queira fazer profissão desse ato analítico, que implica suportar a função de

[7] *Ibid.*, aula de 24 de janeiro de 1968.
[8] *Ibid.*, aula de 20 de março de 1968.

objeto causa do desejo na transferência. Há aí um salto, uma "abertura hiante", situação em que alguns decidirão saltar e outros não. "O ato psicanalítico, ninguém sabe, ninguém viu além de nós, ou seja, nunca situado e muito menos questionado, eis que nós o supomos a partir do momento eletivo em que o psicanalisante passa a psicanalista"[9], nesse momento em que no final se destitui o sujeito que se instaurou em um começo. Há escolha.

Daí que a questão da formação dos analistas esteja longe de se resolver na autorritualização; mesmo tendo havido analisante e tendo havido final, restará a interrogação sobre a origem do desejo do analista — a "umbilicação do sujeito a nível do seu querer"[10]. Se quer o que deseja, se aceitou perder-se para se reencontrar e se, ao se reencontrar, quer aquilo novo que surgiu, se espera "verificar a causa do desejo"[11] nesse objeto que foi expulso.

> Um toque do teu dedo no tambor
> desencadeia todos os sons e dá início a uma nova
> harmonia.
> Um passo teu recruta novos homens e os põe em marcha.
> Tua cabeça se vira — o novo amor!
> Tua cabeça se volta — o novo amor![12]

---

[9]LACAN, J. (1969) O ato psicanalítico. In: *Outros escritos*. Tradução de Vera Ribeiro. Rio de Janeiro: Zahar, 2003, p. 371.
[10]LACAN, J. (1967-1968) *O seminário, livro 15: o ato psicanalítico*. Inédito. Aula de 15 de maio de 1968.
[11]LACAN, J. (1969) O ato psicanalítico. In: *Outros escritos*. Tradução de Vera Ribeiro. Rio de Janeiro: Zahar, 2003, p. 371, tradução modificada.
[12]"A uma razão", poema de A. Rimbaud citado por Lacan em (1967-1968) *O ato psicanalítico*, aula de 10 de janeiro de 1968. Inédito.

É a fórmula do ato para Lacan na poesia de Rimbaud. Se a função "mais escabrosa"[13] do analista é a de ocupar o lugar de dejeto, de objeto *a*, então não se pode negar as resistências que ficam em suspenso para os analistas em torno do ato analítico.

Daí a necessidade de inovar, instaurando a prova crucial que é o passe, para poder interrogar o final de análise, o vir a ser do analista, a origem desse desejo novo.

O PRINCÍPIO DO PASSE COMO PRINCÍPIO DE ESCOLA

Na "Nota italiana", de 1973, Lacan fala do princípio do passe como princípio de sua Escola e tenta avançar na interrogação do que é que permitiria à psicanálise se sustentar no futuro. Hoje, quando esse futuro se torna fatídico, parece-me fundamental voltar a tal princípio.

Sabemos que cabe ao analista autorizar-se de si mesmo. A Escola não tem por função impedir a autorização dos analistas, que tampouco precisam da Escola para autorizarem-se.

Ora, o princípio do passe está ali para lembrar que a Escola, sim, tem que velar para que entre aqueles que se autorizam como analistas haja demonstravelmente analistas, e não apenas analistas que funcionam como tais, analistas funcionários, como se chama.

O passe como dispositivo convida a quem quer tentar essa demonstração, à qual ninguém obriga. É nesse princípio do passe que repousa a mola do futuro da Escola, e não meramente no fato de que existam analistas que se autorizam de

[13]LACAN, J. (1967-1968) *O seminário, livro 15: o ato psicanalítico*. Inédito. Aula de 27 de março de 1968.

si mesmos. Isto pode soar muito extremista. Por que a Escola não se conforma simplesmente com que haja cada vez mais analistas que se autorizem de si mesmos? Essa proliferação não garantiria o futuro da psicanálise em nossa civilização? Não, não basta para Lacan que haja analistas funcionando como tais, que haja os que sabem “que botão tocar”, pois a aposta de Lacan é verificar no dispositivo a emergência de um desejo inédito, o desejo do analista.

Na “Nota italiana”, Lacan parece precisar que esse desejo inédito não se depreende necessariamente do final da análise. Pode ter havido análise que não tenha produzido o advento desse desejo, ou pode haver análise que se tenha bastado na obtenção dos efeitos terapêuticos.

A análise é condição necessária, mas não suficiente. Lacan acrescenta que não haverá analista se não lhe advier o desejo de saber, convertendo-o assim em dejeto de uma humanidade que não deseja saber. Mas, além disso, o advento desse desejo de saber é algo que se viu colocado à prova já na análise. Se a análise começa por um não querer saber, como isto pode se transformar em um desejo de saber, principalmente se a análise tem progresso bordeando a causa do horror de saber? Ou seja, que é, ademais, um desejo de saber que pode emergir nas margens do horror e que pode levar, sem dúvidas, ao entusiasmo ou à depressão. Este ponto me parece crucial.

Houve um trecho da travessia da minha análise que esteve marcado por uma profunda tristeza, um desses momentos em que a vida se tinge em demasia pela morte, e a morte aparece tão de frente e com tanta decisão que se torna muito difícil suportar continuar. Era uma tristeza pegajosa, invalidante, muito contagiosa. Tão contagiosa que conseguiu passar para quem era meu analista, e ele, então, começou a estar preocupado com o meu bem. Foi necessário interromper essa análise. Em meio a essa tristeza desesperada, consultei outro analista. Ela não se deixou contaminar, apostou com firmeza que a outra cena apareceria. Devo confessar que no início seus esforços me pareciam completamente inúteis, eu não me encontrava em um estado no qual podia me colocar a associar alegremente. E, sem dúvidas, a outra cena emergiu. Sempre me pareceu muito ousado seu ato de não acreditar no meu desespero, de não permitir que eu me refugiasse na tristeza, de alojar esse outro saber. Ousado e simples: fez valer a regra fundamental, não cedeu nesse princípio analítico fundamental. Situou-se nesse ato analítico inaugural.

Hoje, tempo em que a angústia e a tristeza estão na ordem do dia, creio que pude esclarecer de outra forma esse ponto. A tristeza também contagia, também passa. Lacan assinala na "Nota italiana" que, naqueles casos em que a candidatura do analista é recusada cordialmente, o fato dos passadores terem deixado a coisa incerta sugere que a falta do passante pode ter passado aos passadores e que a sessão continua, porém, tingida de depressão. Seguramente, não é esse o único caso em que uma nomeação não se produz, mas reitero que a tristeza passa, como passa o entusiasmo. E, diante disso, o analista conta com o ato.

A ANGÚSTIA DO ANALISTA

Ser levado ao entusiasmo logo após a travessia de uma análise que bordeou o horror de saber deixa o desejo do analista *bien fourbi* (bem-preparado, bem-polido). Tomo essa expressão do seminário sobre a transferência: ter à mão um desejo "bem-polido"[14] para que não se ponha em jogo na análise a angústia do analista[15].

No seminário de 1962-1963, Lacan se surpreende com o fato de que a angústia do analista não seja algo que diga respeito aos analistas nesse momento, "e, sem dúvidas, deveria", acrescenta, porque a angústia do analista "está na lógica das coisas"[16], faz parte do assunto. Quanto dela o analista pode suportar? A angústia não é algo meramente "interno" ao sujeito, não é que exista a angústia do sujeito e a angústia do analista. Poderíamos dizer que a angústia é social. Sobretudo para o neurótico, que opera como um "vaso comunicante"[17], expressão que Lacan toma emprestada de Breton. Então, tem a angústia do paciente que atendemos, mas também conta a angústia dos que o rodeiam e, ademais, conta a nossa própria angústia.

Na experiência analítica não há apenas uma comunicação de inconsciente a inconsciente, mas há também uma

---

[14]Nota da tradutora: "um desejo bem-provido" é como se lê na tradução brasileira da Zahar (2ª edição, 2010, p. 451, aula de 14 de junho de 1961), o que leva à ideia de preenchimento, algo que não condiz com a falta que caracteriza o desejo. O verbo *fourbir*, no francês, significa tornar brilhante, com material de limpeza, um objeto de metal. Assim, a melhor tradução seria, de fato, "um desejo bem-polido", ou ainda, "um desejo bem-lustroso", "bem-areado", como se costuma dizer no nordeste do Brasil.

[15]LACAN, J. (1960-1961) *O seminário, livro 8: a transferência*. 2ª edição. Tradução de Dulce Duque Estrada. Rio de Janeiro: Zahar, 2010, p. 434, aula de 7 de junho de 1961.

[16]LACAN, J. (1962-1963) *O seminário, livro 10: a angústia*. Tradução de Vera Ribeiro. Rio de Janeiro: Zahar, 2005, p. 13, aula de 14 de novembro de 1962.

[17]LACAN, J. (1960-1961) *O seminário, livro 8: a transferência*. 2ª edição. Tradução de Dulce Duque Estrada. Rio de Janeiro: Zahar, 2010, p. 446, aula de 14 de junho de 1961.

comunicação da angústia. Quem de nós nunca se encontrou numa situação assim ao trabalhar em uma urgência, ainda mais em tempos de pandemia? Responder à urgência de forma angustiada injeta um *plus* de angústia à situação... um *plus* criado "artificialmente" por essa resposta.

A angústia não é individual, é algo social, comunica-se, traspassa-se, impacta outros corpos. Quanto dela suportará o sujeito e quanto poderá suportar seu entorno?

De fato, para Lacan, a angústia do analista não deve entrar no jogo da análise: "A análise deve ser asséptica no que concerne à angústia do analista"[18]. Qual deve ser a formação do analista para que sua angústia não entre em jogo na análise, para que o dispositivo se mantenha isento da angústia do analista? Em que estado atual relacionado ao desejo se encontra o analista para que não surja sua angústia nas análises que tem a seu cargo?

Lacan afirma que essa emergência de angústia indica uma espécie de interrupção na sustentação do desejo e que, nesses casos, a angústia é a forma mais radical de sustentá--lo. É como se fosse o sinal de advertência que indica que só nos resta a reserva de combustível para seguir (sem saber se há postos de gasolina à vista). A angústia pode ser, então, uma forma de suporte do desejo, mas é uma forma radical, última, que sinaliza que outras possibilidades vacilaram.

E Lacan é bastante taxativo ao dizer que o analista renuncia a essa forma de suporte de desejo na angústia. É a *Versagung* que se espera do analista: o analista poderia

[18]LACAN, J. (1960-1961) *O seminário, livro 8: a transferência*. 2ª edição. Tradução de Dulce Duque Estrada. Rio de Janeiro: Zahar, 2010, p. 447, aula de 14 de junho de 1961, tradução modificada.

colocar em jogo sua angústia, mas renuncia a ela. O analista opera no registro da *Versagung* primordial; está provido de um desejo bem-preparado, um desejo que opera como remédio diante da angústia.

Que mutação foi produzida na economia de seu desejo para poder operar no registro de uma *Versagung* fundamental? Como advém esse desejo que Lacan qualifica de um desejo *bien fourbi*, ou, inclusive um "desejo mais forte" do que o de querer o paciente em seus braços ou o de querer atirá-lo pela janela[19]? Um desejo mais forte que extirpa da angústia sua certeza e a converte em impulso para o ato. Por que chamá-lo desejo "mais forte"? Creio que o desejo do analista extraia sua força e sua potência de todas essas fontes outrora erotizadas que foram perdendo o valor de uso que lhes dava o sintoma. O desejo do analista é um desejo fortalecido, afirmado, sabe fazer do desejo um remédio para a angústia, é um desejo com potência de ato.

Talvez o trabalho de histericização ao qual convoca o passe permita traçar uma espécie de orografia da angústia do analista, conhecer os pontos de sua emergência. Ter tentado cernir a causa de seu próprio horror de saber talvez permita traçar alguns litorais, algumas bordas dessa orografia da angústia do analista: seus relevos, os sulcos corroídos, as bacias, os buracos, os insuportáveis de cada um, aquelas bordas das quais — ainda que se tenha avançado muito na análise — ainda não se quer saber.

Quanto tempo o analista se põe a salvo disso, até quando se defende? Até onde está disposto a avançar na interrogação

[19] *Ibid.*, p. 233, aula de 8 de março de 1961.

de um ser? Até onde tenta se colocar a salvo de seu próprio horror de saber? Entendo que a atitude defensiva diante disso torna-o ainda mais horroroso, pois desconhecido. Talvez o que é possível cernir disso apenas contorne alguma forma do "seria melhor não ter nascido", da contingência de nossa inefável e estúpida existência.

Um final

O analista renuncia a sustentar seu desejo na angústia, renuncia também a continuar sustentando-o na verdade mentirosa do fantasma, renuncia a desejar o impossível. O desejo do analista já não se crê nem imortal nem indestrutível. Mudou sua relação com a finitude. Renuncia também ao ideal de analista de cada época: aquele que não se angustia, que está sempre à altura do ato, que tudo pode. Isso é um luto.

Pergunto-me, então: como se sustenta o desejo do analisando que vem a ser analista, daquele que fez a travessia do fantasma (que não cai só porque foi atravessado, ainda que revele seu artifício)? Já não se sustenta na irrealização que essa verdade mentirosa promove? Sustenta-se, por acaso, dos atos? São os atos suportes possíveis do desejo? Ou o desejo de analista encontra seu suporte em se saber ser um dejeto, em saber transformar esse resto em causa? A causa chama a alguns outros, não é solitária, entusiasma. Encontra-se na Escola uma nova forma de suporte do desejo para os analistas?

Hoje, mais do que nunca, nestas épocas tingidas de angústia, incerteza e tristeza, somos responsáveis pelo nosso saber fazer como analistas: apostar que se inaugure a outra cena, mesmo quando tudo parece falar da iminência da morte.

O ato psicanalítico e sua dimensão de corte

ERCILIA MARIA SOARES SOUZA[1]

Alea jacta est é a expressão em latim atribuída a Júlio César, general, orador, historiador e legislador, considerado um estrategista e um dos homens mais cultos de seu tempo. Em 10 de janeiro do ano 49 a.C., atravessou o riacho Rubicão, um pequeno curso d'água no nordeste da península itálica que corria em direção ao mar Adriático[2]. À época, havia uma lei que proibia que esse rio fosse atravessado com um exército, a não ser que fosse autorizado pelo Senado. No jogo de disputa pelo poder, Júlio César, com seu ato de atravessar o Rubicão, invadiu e conquistou Roma, rompendo com mil anos de democracia romana e dando início à era dos imperadores.

---

[1]Psicanalista, membra do Fórum do Campo Lacaniano de Fortaleza.

[2]De forma mais específica, segundo Joelza Domingues, este pequeno rio "separava a Gália Cisalpina, uma província romana, do território administrado diretamente pelos magistrados romanos, isto é, a cidade de Roma e o restante da península italiana". Disponível *em https://ensinarhistoria.com.br/linha-do-tempo/alea-iata-est-julio-cesar-atravessa-o-rubicao/*. Acessado em 16 de julho de 2021, às 14h02.

Essa passagem histórica é retomada por Lacan no seminário 15, na aula de 10 de janeiro de 1968, mesmo dia e mês, muitos séculos depois, para dizer do caráter de ultrapassamento que um ato contém. E o que há de tão especial nisso? Qual a interseção entre o ato de atravessar o riacho Rubicão e o ato psicanalítico? Lacan é magistral na resposta: trata-se da escolha forçada e do imponderável.

Porém, para (a)bordar esse tema, precisamos voltar para antes da travessia de um riacho. "De volta ao começo ao fundo fim"[3], aquilo que nos interessa sobremaneira: o começo de uma análise. É nesse tempo inicial, quando um psicanalista recebe uma demanda de análise, na qual os ditos têm a primazia, que fica escancarada, mais uma vez, a impossibilidade do dizer. Lacan[4], ao escrever sobre esse momento, insiste em que é preciso pôr o acento sobre a demanda, ponto de partida da análise, algo que deve ser tomado com muita seriedade. Ou seja, é imprescindível prestar muita atenção ao que está contido na demanda, pois é aí que se localizam as voltas em torno do sofrimento da falta-a-ser e as constantes tentativas de expressar uma dor. Dor transmutada em cores tais quais "as cores de Almodóvar e de Frida Kahlo"[5], que, com sua arte, declaram publicamente, não sem os outros, suas dores e amores. Assim, podemos afirmar que esse é um lugar em que a repetição e o impronunciável se avizinham, onde se

[3]Trecho da música "De volta ao começo", de 1980, de autoria de Gonzaguinha.
[4]LACAN, J. (1975) Entrevista com os estudantes na Yale University. In: *Lacan in North America*. Tradução, organização e notas de Frederico Denez e Gustavo Capobianco Volaco. Porto Alegre: Editora Fi, 2016, p. 50.
[5]Menção à música "Esquadros", de Adriana Calcanhoto, lançada em 1992.

tropeça com o real[6], ou ainda, onde entra no jogo o discurso psicanalítico.

Então, se, por um lado, temos alguém que anuncia seu mal-estar e seu desejo de melhora, por outro, temos um psicanalista que não faz promessas, nem de cura, nem de felicidade. Vetores diferentes que apontam para a direção do tratamento: onde o analisante quer respostas, o psicanalista propõe a associação livre, "prenúncio da destituição subjetiva do final de análise", como diz Fingermann[7].

Mas afinal o que é este ato? E no final, do que se trata? "No princípio era o verbo", excerto do Evangelho segundo João sobre a criação do mundo, repetido por Lacan para demarcar que o ato psicanalítico está no começo, funda um começo e anuncia um final. Tema complexo e de sofisticado rigor teórico, como demonstrado no grafo do ato psicanalítico[8], que permite situar a entrada em cena da realidade do inconsciente, o responsabilizar-se por aquilo de que um sujeito se queixa, o recordar-repetir-elaborar, ou o instante de ver, o tempo para compreender e o momento de concluir, quase mantras que tanto ouvimos! Mas nem tão fácil, nem tão simples.

Não há encontros, há trabalho, árduo trabalho. E é nesse campo do trabalho sem trégua que o grafo do ato psicanalítico exige mais atenção, pois, quando Lacan alude às

---

[6]Uma imagem pode ser acessada aqui: no jogo de xadrez, após ter sido definido qual jogador terá as peças brancas, este terá que decidir qual peça iniciará a partida. Uma decisão e o jogo começa. Um instante e um lançar-se num abismo, um topar com o real.

[7]FINGERMANN, D. A clínica do ato. In: *O ato analítico*. Salvador: Associação Científica Campo Psicanalítico, 2003, p. 35.

[8]Referimo-nos aqui ao grafo do ato psicanalítico tal como apresentado em LACAN, J. (1967-1968) *O seminário, livro 15: ato psicanalítico*. Inédito. Aula de 10 de janeiro de 1968.

construções matemáticas, convoca o campo dos diagramas, dos vetores, das transformações elementares vindas das elaborações do matemático Marc Barbut — o que inclui o grupo de Klein —, condensadas em uma linguagem estranhamente familiar. Portanto, é preciso desenhar[9]:

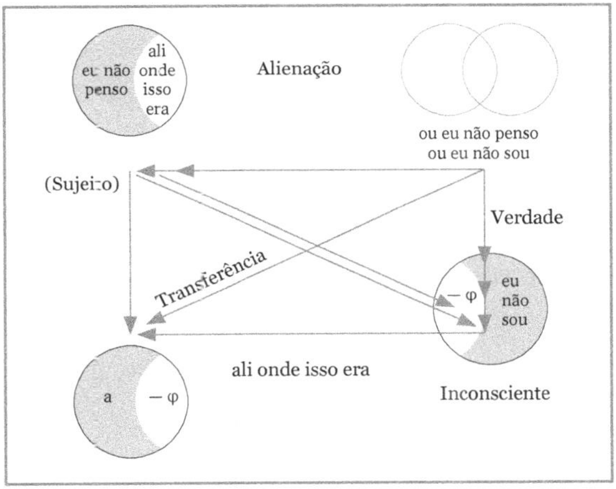

Sem dúvida, há uma infinidade de desdobramentos possíveis diante desse tetraedro, mas insistimos no que diz Lacan: "Começar a ser psicanalista, todo o mundo sabe, é algo que começa no fim de uma psicanálise"[10]. Essa báscula entre o fim e o começo acompanha o estudo desse esquema e nos deixa advertidos de que são momentos lógicos, e não cronológicos. Notemos que no começo está uma disjunção do ser e do pensamento escrita em sua fórmula "ou eu não penso ou eu não sou", que caminha na linha horizontal via operação alienação em direção ao conjunto "eu não

[9]*Ibid.*
[10]*Ibid.*

penso/lá onde isso estava", que Lima traduz assim: "O **não penso** faz referência ao falso ser afirmado pelo narcisismo, e o **ali onde isso era** faz referência à fantasia que organiza um circuito pulsional e sustenta imaginariamente o eu no mundo"[11]. Na linha vertical, localizamos a operação verdade em direção ao conjunto "-φ/eu não sou" ou, nas palavras da mesma autora, "a operação verdade transforma a perda de sentido e de ser em falta"[12]. No dia a dia do percurso de uma análise, essas formulações aparecem quando os significantes se apresentam em suas "metamorfoses ambulantes"[13], dizendo, por exemplo, o oposto do que foi dito antes, e, sob a lógica da operação transferência[14], o sujeito sustenta o "caminho da suposição à dessuposição, ao des-ser, ao objeto *a*, ao resto de uma operação"[15], como diz Teixeira. Portanto, fica indicado que, sob a égide do que nomeamos como transferência, há um inevitável axioma: o Outro não existe, e cada um, com seus recursos capengas, terá que se haver com isso, ou na literalidade das palavras de Teixeira: "O Outro que não existe significa que não há, no campo do Outro, os significantes que representem seu gozo nem o objeto que falta para completá-lo"[16].

[11]LIMA, M. A. C. O grafo do ato analítico. In: *Ágora*, v. XX, nº 1. Rio de Janeiro, 2017, p. 61, grifos da autora

[12]*Ibid.*, p. 63.

[13]Paráfrase da música "Metamorfose ambulante", de Raul Seixas, lançada em 1973.

[14]Trata-se do vetor que atravessa de um lado a outro, em diagonal, o grafo do ato psicanalítico.

[15]TEIXEIRA, M. A. A diagonal da transferência no ato psicanalítico. In: *O ato psicanalítico*. Salvador: Associação Científica do Campo Lacaniano, 2003, p. 88.

[16]*Ibid.*, p. 87.

É na direção do conjunto "a/-φ" que em cada tempo, em cada sessão, uma demarcação deve estar presente: onde a mesmice impera, o ato de um psicanalista deve produzir um avessamento ou, como recomenda Isloany Machado, "o analista deve pegar a frase e virá-la do avesso. Toda frase comporta buracos entre uma palavra e outra, enfie o dedo no buraco da frase e vire"[17], um tipo de esquartejamento da palavra a fim de que uma significação possa advir, uma escansão a produzir, como diz a autora citada.

Porém, é preciso fazer mais uma volta. A definição do ato como um significante é apresentada de forma minuciosa na continuidade do seminário 15, e como indica Vera Pollo, é preciso dar tratamento ao ato ou, em suas próprias palavras, deve-se tratar:

> [...] o ato como um significante, porém não qualquer um, pois um significante que funda um fato, que se torna ele mesmo um evento, é um significante muito especial. Ao ultrapassar certo limiar do princípio do prazer, ao fazer um corte temporal, ele instaura um antes e um depois. Assim é o ato.[18]

É aqui que podemos introduzir a dimensão de corte do ato psicanalítico, pois, ao colocarmos o inconsciente em cena, os cortes terão uma função desalojadora, irão marcar

---

[17]MACHADO, I. Sobre a técnica da psicanálise. Disponível em *https://www.fasdapsicanalise.com.br/sobre-tecnica-da-psicanalise/*. Acessado em 16 de julho de 2021, às 14h06.

[18]POLLO, V. A passagem ao ato e o *acting out*. Disponível em *https://site.cfp.org.br/?evento=xiii-jornadas-de-formaes-clnicas-do-campo-lacanic-no-fcclrj-a-clnica-do-ato*. Acessado em 16 de julho de 2021, às 14h09.

uma descontinuidade, irão interromper a linearidade da fala. Podemos rememorar exemplos vindos da clínica: um corte em um momento inesperado da sessão, uma frase suspensa no primeiro instante, uma súbita interrupção, um silêncio desagregador, uma palavra soletrada sílaba a sílaba ou separada em outras sílabas, ou desfeita para ser feita em outras tantas palavras (as tais escansões), uma frase antes tida como afirmação agora repetida como interrogação, ou ainda, um (re)contar de histórias, romances, novelas que, se interrompido em momentos distintos, provoca turbulências e suspensões... Exemplos que se apresentam em percursos de análises que, se no lugar de ato, provocam efeitos imensuráveis. É em ato lançar "o sujeito a outra sequência discursiva", como acontece no corte/recorte de um psicanalista diante da infindável repetição de um analisante, como enfatizam Triska e D'Agord[19].

Assim, a dimensão do corte em uma análise é um tipo muito especial de medidor. Como diz Fingermann:

> Uma análise não se mede em anos, nem horas, nem minutos: a sua medida é o corte. Quantos cortes sua análise durou? (donde a importância da frequência das sessões que acolhe a alternância sessão-corte-intervalo.)
> [...] O analista, todas as vezes, [é quem] corta as sessões, sejam de tempo variável ou sessões curtas. [E isso] É imprevisível: é responsabilidade intempestiva do ato analítico. Ao

[19] D'AGORD, M. L. & TRISKA, V. O corte interpretativo em psicanálise. In: *Psicologia: teoria e pesquisa*, v. 29, nº 4, 2013, p. 361-367. Disponível em *https://www.scielo.br/j/ptp/a/hPQzpwkfJpwFmHhSfvD6Lcd/?format=pdf&lang=pt*. Acessado em 16 de julho de 2021, às 14h13.

> suspender a continuidade, isola-se uma sequência na qual pode ser lida uma suposição do sujeito.[20]

Para finalizar, retomo a frase atribuída a Júlio César, agora com tradução: *Alea jacta est* quer dizer "A sorte está lançada". O ato psicanalítico é intempestivo e sem volta, um dizer que está do lado do analista propondo o inesperado, o incomum, a ruptura, e, do lado do analisante, desdobrado nos tantos nomes de uma travessia. Eis aqui a decisão de atravessar um riacho, como fez Júlio César. Ele sabia que aquele momento convocava algo de (de)marcação, de transpor um limite, de desafiar o que estava estabelecido. Considerando isso, tomou uma decisão irrevogável. Seguiu. Venceu. Assumiu o título de "ditador perpétuo", segundo Muniz[21]. Fez história, para sempre Caio Júlio Cesar.

Em suma, o ato psicanalítico é um risco, não há garantias para nenhum dos envolvidos. Mas, no final, podemos ter alegria de dançar e cantar uma ciranda, interrompendo o vagar a esmo, a errância. E é este saber fazer, adquirido na experiência de análise, que vai sustentar um estilo, uma invenção, que comporta um meio-dizer, a tal verdade não toda, que revela um mais além e que exige um inédito, um desejo inédito.

Então, é isso: cada um com seu Rubicão!

---

[20]FINGERMANN, D. O tempo na psicanálise. In: Revista USP, nº 81, 2009, p. 69-70.

[21]MUNIZ, P. Conheça a história de Júlio César. Disponível *em https://www.oversodoinverso.com.br/conheca-historia-de-julio-cesar/*. Acessado em 16 de julho de 2021, às 14h20.

Acting out: como tirar proveito dele?

ELYNES BARROS LIMA[1]

"— Que é que eu faço, é de noite e eu estou viva. Estar viva está me matando aos poucos, e eu estou toda alerta no escuro.

Houve uma pausa, ela chegou a pensar que Ulisses não ouvira. Então ele disse com voz apaziguante:

— Aguente.

Quando desligou o telefone, a noite estava úmida e a escuridão suave, e viver era ter um véu cobrindo os cabelos. Então com ternura aceitou estar no mistério de ser viva."

CLARICE LISPECTOR, *Uma aprendizagem ou o livro dos prazeres*

Gostaria de compartilhar com vocês o recorte clínico de um caso que atendi há alguns anos. Depois do que se passou — um *acting out* —, a paciente ainda ficou por um tempo em análise, vindo a interrompê-la depois.

[1]Psicóloga, psicanalista, membra da Escola de Psicanálise dos Fóruns do Campo Lacaniano e do Fórum do Campo Lacaniano de Fortaleza.

Faço esse recorte para tratar então do *acting out*. Porém, antes de abordá-lo, é necessário distingui-lo da passagem ao ato. Lacan comenta que o que está em jogo nos dois processos é a relação do sujeito com o Grande Outro (A), na medida em que "é a partir do Outro que o *a* (o pequeno *a*) assume seu isolamento, e é na relação do sujeito com o Outro que ele se constitui como resto"[2].

Lacan revela duas condições essenciais que se processam na passagem ao ato: a primeira seria a redução do sujeito ao objeto *a* ao qual ele se identifica. A segunda é o confronto do desejo com a lei. No caso da jovem homossexual de Freud, Lacan[3] diz que se trata do confronto do desejo pelo pai com a lei, que se faz presente no olhar dele. Identificada com o objeto *a* e ao mesmo tempo rejeitada, fora de cena, só lhe resta deixar-se cair.

Na passagem ao ato, diante do embaraço de ter que se manter sozinho em seu status de sujeito, ele se precipita e sai da cena tomado pela emoção como distúrbio do movimento.

O *acting out* é de outra ordem, parece ser mais da ordem da evitação da angústia, comenta Lacan[4].

No seminário *As formações do inconsciente*, Lacan nos diz coisas muito interessantes a respeito do *acting out*, entre elas, que "é uma mensagem [...] sempre dirigida ao analista, na medida em que este, em suma, não está muito mal situado, mas também não está inteiramente no seu

---

[2]LACAN, J. (1962-1963) *O seminário, livro 10: a angústia*. Tradução de Vera Ribeiro. Rio de Janeiro: Zahar, 2005, p. 128, aula de 23 de janeiro de 1963.

[3]*Ibid.*, p. 125, aula de 26 de janeiro de 1963.

[4]*Ibid.*, p. 130, aula de 23 de janeiro de 1963.

lugar"[5]. O *acting out*, segundo o autor, é uma tentativa de resolver um problema processado na relação da demanda com o desejo e que porta um elemento altamente significante. Caso esse ato se processe dentro da análise, pode-se apreender dele toda a inadequação do sujeito com a demanda e permitir que "tenha acesso à realidade efetiva do efeito que o significante tem nele"[6].

Relato, então, o recorte clínico de um caso em que se processou um *acting out* e os proveitos que se pode tirar dele, como afirma Lacan. Organizei neste relato alguns eventos antecedentes ao *acting out,* pois julgo-os de grande relevância para compreender o que se processou.

História familiar

Ângela procura atendimento porque deseja adotar uma criança. Tem dois filhos do primeiro relacionamento, mas quer agora uma menina, o que é complicado, segundo ela, pois não teve uma relação muito boa com sua mãe. "Como ser então mãe de menina?", pergunta-se. Ela mesma foi entregue para adoção pela mãe e depois, já adulta, adotou outra mulher como mãe.

Sua mãe, segundo ela, teve vários filhos de relacionamentos com homens diferentes, sempre foi muito ausente e chegou a dar Ângela para ser adotada. Depois de alguns dias, Ângela foge dessa casa e volta para a casa da mãe biológica.

---

[5]LACAN, J. (1957-1958) *O seminário, livro 5: as formações do inconsciente.* Tradução de Vera Ribeiro. Rio de Janeiro: Zahar, 1999, p. 433, aula de 21 de maio de 1958, tradução modificada.
[6]*Ibid.*

Sofre abuso desde criança até a adolescência desses homens que passaram pela vida da mãe. Durante toda sua vida, ouviu algo que não queria que seus filhos ouvissem: "filha de rapariga!". Considera que a prostituição é uma "maldição" na família. Em seu relato, aparecem as seguintes questões: o que a minha mãe é para o meu pai? O que é uma mulher para um homem? Na sua construção fantasmática, as mulheres seriam prostitutas, e os homens, aqueles que teriam sempre outras mulheres.

Seu primeiro marido queixa-se da amizade muito próxima entre Ângela e uma mulher — a quem aquela passou a chamar de mãe, sua mãe adotiva — e do fato de Ângela não querer mais transar com ele. Separam-se.

Essa mãe adotiva tinha um irmão solteiro e incentivou Ângela a se casar com ele. E, como toda histérica, cujo desejo encontra seu ponto de apoio no desejo do Outro, no que concerne constitutivamente ao desejo sexual, como nos diz Lacan[7], casa-se com esse homem.

Ângela queixa-se também de não viver bem com esse marido e que, apesar da insistência dele em manter relações sexuais, não fica à vontade para corresponder. Em várias sessões, fala dessa "relação complicada", sobre a qual a analista comenta: "Ângela, mas o que está em jogo nessa dificuldade em transar com seu atual marido?".

O *ACTING OUT*

Lacan, no seminário *A angústia*, comenta que o *acting out* é uma demonstração para o Outro. O sujeito mostra em sua

[7]*Ibid.*, p. 408-409, aula de 14 de maio de 1958.

conduta algo para o Outro. Nesse mesmo capítulo, comenta o caso do paciente de Ernest Kris, já comentado também no texto "A direção do tratamento", para nos ensinar a reconhecer um *acting out*. Ao usar "os recursos da verdade" para demonstrar que seu paciente não era um plagiador, Kris não se dá conta da mostração velada que porta o desejo desconhecido, encarnado no pequeno *a*. Assim, o paciente encena a verdade desse objeto e vai comer miolos frescos para contar na próxima sessão, diz Lacan[8].

Voltemos ao caso em questão. A analista viaja e, tarde da noite, recebe uma mensagem da paciente dizendo que precisa falar com alguém. A analista pede que ela ligue. No dia seguinte, como ela não ligou, a analista envia uma mensagem para seu celular perguntando: "O que houve?". O marido de Ângela responde à mensagem dizendo que ela está hospitalizada porque havia misturado vários materiais de limpeza e bebido.

Quando a analista regressa, liga para ela: Ângela afirma já estar melhor e quer ir falar-lhe.

Diante desse *acting out*, a analista se pergunta em que medida sua intervenção poderia tê-lo provocado?

PROVEITO

Lacan situa o *acting out* como uma das defesas do sujeito, juntamente com a fantasia e a proeza (no seminário 10, diz claramente que é da ordem da evitação da angústia, como

---

[8]LACAN, J. (1962-1963) *O seminário, livro 10: a angústia*. Tradução de Vera Ribeiro. Rio de Janeiro: Zahar, 2005, p. 139, aula de 23 de janeiro de 1963.

já havia comentado), acentuando ainda seu caráter enigmático, o qual portaria uma mensagem de que, se fosse produzida dentro dos limites do tratamento, poderíamos tirar proveito. Que proveito tirar então?

Ao retornar para as sessões, relata que a situação estava insuportável, que o marido estava insistindo muito para transar numa posição que para ela não era "normal", fazendo-a lembrar dos abusos que sofria de um de seus irmãos. Observem que guarda com o atual marido uma relação que podemos chamar de "relação incestuosa", já que ele é irmão de sua mãe adotiva. Em seu texto "Observações sobre o amor transferencial", Freud diz que, no *acting out,* o sujeito repete na vida real o que deveria apenas ter lembrado; ele atua, ao invés de reproduzir o material psíquico dentro da esfera dos eventos psíquicos[9].

Primeiro proveito: a analista se deu conta de que não estava bem posicionada em sua função, pois sua intervenção junto à paciente a precipitou ao *acting out*, fazendo coro à insistência do marido e da mãe. Cautela nas intervenções, portanto. No seminário 10, Lacan comenta que o *acting out* clama por interpretação, mas há que se perguntar se ela é possível. Lembra-nos que o *acting out* é o início da transferência. É o surgimento da transferência como transferência selvagem. Que manejo é possível? E Lacan interroga-nos: "como se pode domesticar a transferência selvagem, fazer o

[9]FREUD, S. (1915 [1914]) Observações sobre o amor transferencial (Novas recomendações sobre a técnica da psicanálise III). In: *Edição standard brasileira das obras psicológicas completas de Sigmund Freud. O caso Schreber, artigos sobre técnica e outros trabalhos (1911-1913).* Direção de tradução de Jayme Salomão. Rio de Janeiro: Imago, 1996, p. 215.

elefante selvagem entrar no cercado, como pôr o cavalo na roda e fazê-lo girar o carrossel?"[10].

Para dar encaminhamento a essas questões suscitadas, comenta brevemente três maneiras de agir em relação ao *acting out* contidas no artigo "General problems of acting out", de Phyllis Greenacre. Primeiramente, interpretá-lo, o que Lacan diz surtir poucos efeitos, pois *o acting out* é mais para se oferecer à interpretação dos analistas. Segundo, proibi-lo. Lacan comenta que podemos fazer muitas coisas a esse respeito, porém proibir é difícil. E por fim, reforçar o eu. Sobre esse aspecto, comenta que resvala na questão da identificação ao analista e como isso é perigoso, principalmente porque deixa o *a* absolutamente intacto.

Assim, podemos tirar como segundo proveito esclarecer o elemento significante. Lacan afirma, ainda no seminário 5, que o *acting out*, além de portar uma mensagem dirigida ao Outro, possui um elemento altamente significante. Voltando ao caso da paciente, o que significa então beber material de limpeza? Esse elemento se esclarece quando ela relata posteriormente que esteve se encontrando com outro homem. O elemento envolvido no *acting out*, beber material de limpeza, revela-se, então, como sua tentativa de "limpar-se", pois agiu "como uma prostituta", trazendo à cena novamente "a maldição de sua família", cujas mulheres são, para ela, prostitutas. Na impossibilidade de assumir seu desejo, ela forja uma resposta ao Outro, *out*, por não conseguir dizê-lo.

---

[10]LACAN, J. (1962-1963) *O seminário, livro 10: a angústia*. Tradução de Vera Ribeiro. Rio de Janeiro: Zahar, 2005, p. 140, aula de 23 de janeiro de 1963.

Retomo ainda de Lacan que o *acting out* deve permitir que o sujeito "tenha acesso à realidade efetiva do efeito que o significante tem nele"[11].

Esse acesso tem relação com a transferência e seu manejo, já que, como vimos, o *acting out* é uma demonstração para o Outro e... para o analista. Talvez esse acesso possa ser viável por aquilo que Lacan chamou de o lugar da falta na análise[12], a propósito dos comentários que faz sobre o artigo de Margaret Little, "A resposta total do analista às necessidades de seu paciente". Destaco entre esses comentários uma intervenção da analista que evidenciou para a paciente que aquela havia se angustiado; essa situação involuntária possibilitou a esse sujeito apreender-se como falta, coisa que ela não podia fazer na relação com os seus pais. O fato de a analista poder responder do lugar da falta possibilitou ao sujeito esse acesso ao S(Ⱥ) — ao Outro falta um significante que diga tudo.

"Dizer tudo" remete-nos a um comentário de Lacan sobre Freud a respeito do caso da jovem homossexual. Lacan diz que Freud fica atônito porque essa paciente mentia para ele em sonhos; ele se atrapalha com essa "ameaça à fidelidade do inconsciente"[13] e a deixa cair.

Tanto pelo que se apresenta na clínica como na vida pessoal de Freud — Lacan comenta sobre uma passagem da vida

---

[11]LACAN, J. (1957-1958) *O seminário, livro 5: as formações do inconsciente*. Tradução de Vera Ribeiro. Rio de Janeiro: Zahar, 1999, p. 434, aula de 21 de maio de 1958.
[12]LACAN, J. (1962-1963) *O seminário, livro 10: a angústia*. Tradução de Vera Ribeiro. Rio de Janeiro: Zahar, 2005, p. 159, aula de 30 de janeiro de 1963.
[13]*Ibid.*, p. 144, aula de 23 de janeiro de 1963.

de Freud a respeito da descoberta de que sua noiva havia feito um passeio noturno com um primo no dia do noivado deles —, "o ponto cego" é que Freud quer que ela diga tudo, a mulher.

Dizer toda a verdade e responder de forma *total* são posições que caminham na direção oposta ao S(A̸). E, como nos disse Clarice Lispector em *Uma aprendizagem ou o livro dos prazeres*, para aceitar o mistério de estar viva, deve-se consentir o silêncio, a ausência, a falta.

Escola e ato

ANDREA HELENA
PEREIRA RODRIGUES[1]

"FUNDO — TÃO SOZINHO quanto sempre estive em minha relação com a causa psicanalítica — a Escola Francesa de Psicanálise [...]"[2]. Assim Lacan inicia a ata/ato de fundação da sua Escola. Ata que se lavra, nas palavras do próprio Lacan, ato notariado, e ato, aquele que atinge uma ponta significante, aquele que se funda em algo da ordem do significante — "o correlato de significante que, na verdade, não falta jamais no que constitui um ato"[3], em outras palavras, a dimensão significante constitutiva de todo ato —, mas que, ao mesmo tempo, representa um verdadeiro começo, começo criador, pois essa é a consequência de todo ato, o surgimento de algo novo.

É preciso destacar a coragem de Lacan ao fundar sua Escola — lembremo-nos de que praticamente não existia

[1]Psicanalista, AME da Escola de Psicanálise dos Fóruns do Campo Lacaniano e membra do Fórum do Campo Lacaniano de Fortaleza.
[2]LACAN, J. (1971) Ato de fundação In: *Outros escritos*. Tradução de Vera Ribeiro. Rio de Janeiro: Zahar, 2003, p. 235.
[3]LACAN, J. (1967-1968) *O seminário, livro 15: o ato psicanalítico*. Inédito. Aula de 15 de novembro de 1967.

psicanálise fora da IPA –, modificando, com isso, permanentemente a psicanálise, fazendo de sua ata de fundação um ato (lembremo-nos de que, em francês, trata-se da mesma palavra). Temos, portanto, os dois sentidos do termo que Lacan destaca: tanto a escritura que se inscreve e se apoia no significante quanto um atravessamento, ultrapassamento de um limiar.

A Escola de Lacan, muito mais do que um lugar onde os psicanalistas podem se agrupar, é um conceito que norteia o psicanalista e sua formação, e que procura aplicar a estrutura do inconsciente à organização institucional. Após a sua excomunhão da IPA, ele a fundou para oferecer àqueles que o seguiam um "organismo em que deve realizar-se um trabalho"[4] e onde pudessem continuar sua formação. Sobre o termo "Escola", ele afirma que "deve ser tomado no sentido de que, em tempos antigos, significava certos lugares de refúgio, ou bases de operação contra o que já então se podia chamar de mal-estar na civilização"[5]. Quinet lembra que Escola, no sentido desses "tempos antigos", isto é, no sentido grego, era um lugar aonde se ia depois da labuta de todo dia para participar de jogos atléticos, muito valorizados pelos gregos, para o lazer, mas também para acompanhar o ensino de alguém. Ia-se em busca da virtude[6]. Tudo isso foi o que levou Lacan a afirmar que elas seriam refúgios ao mal-estar na civilização. Essa referência a um ensino não é

[4]LACAN, J. (1971) Ato de fundação In: *Outros escritos*. Tradução de Vera Ribeiro. Rio de Janeiro: Zahar, 2003, p. 235.
[5]*Ibid.*, p. 244.
[6]QUINET, A. *A estranheza da psicanálise: a Escola de Lacan e seus analistas*. Rio de Janeiro: Zahar, 2009, p. 92-93.

sem importância, como se verá mais adiante. A diferença da Escola proposta por Lacan é que a sua não é um lugar de conforto, mas um lugar furado; não é exatamente refúgio, mas sítio que tem em seu seio o discurso do analista, que é o avesso do discurso do mestre — portanto, pode-se dizer que vai contra a civilização. Como afirma Quinet, "seu papel político é o de apontar a causa do mal-estar na civilização"[7]. O discurso do analista, é bom lembrar, é o único que coloca o outro no lugar de sujeito.

Voltando à fundação da Escola: além de um ato de demonstração de um desejo decidido e que talvez só tenha sido plenamente elaborado no seminário sobre o ato psicanalítico, foi também demonstrativo de uma extrema humildade — e não é sem uma certa reserva que atribuo tal termo a ele —, uma vez que inicia o seminário de 1964, *Os quatro conceitos fundamentais da psicanálise*, apresentando-se ao mesmo tempo que se pergunta em que estava ele autorizado a falar a uma plateia de psicanalistas. Assim Lacan se expressa:

> [...] preciso primeiro me apresentar a vocês [...] pois as circunstâncias fazem com que me pareça apropriado introduzir uma questão prévia ao tratamento desse tema — *em que estou eu autorizado*? Estou autorizado a falar aqui, desse tema, diante de vocês, pelo ouvir-dizer ter eu feito durante dez anos o que chamavam um seminário que se dirigia a psicanalistas.[8]

[7]*Ibid.*, p. 96.
[8]LACAN, J. (1980) O Outro falta. In: *Revista da Letra Freudiana*, n. 0, sem data de publicação, p. 8.

Abro parênteses: segundo Roudinesco, Lacan fez de tudo para deixar a IPA[9]. Depois da crise na SPP (Sociedade Psicanalítica de Paris) e da saída de um grupo de seus membros como consequência, ele foi o último a se juntar aos dissidentes na fundação da SFP (Sociedade Francesa de Psicanálise). Após a solicitação de filiação da nova sociedade, alguns processos foram instalados e várias foram as comissões constituídas pela IPA para examinar o caso de Lacan e o de Françoise Dolto. Nessas ocasiões, ele fez o possível para convencer os colegas ingleses de que estava atuando totalmente conforme as regras da Internacional. Por outro lado, todas as suas ações, no sentido de condução da sua clínica (sessões curtas, por exemplo), condução do seu seminário (permitia que seus analisantes lhe assistissem, fato incomum para época), a escrita de textos sobre a doutrina da análise — "Variantes do tratamento-padrão", em 1955; "Situação da psicanálise e formação do psicanalista", em 1956; "A psicanálise e seu ensino", em 1957; e "A direção do tratamento e os princípios de seu poder", em 1958[10] —, demonstrando sua preocupação com o caráter indissociável entre a doutrina psicanalítica, sua experiência e a formação de seus operadores[11], todas essas ações indicavam um caminho inexorável até sua exclusão, concluindo um percurso iniciado bem antes. Foi necessário um tempo de onze anos

[9]ROUDINESCO, É. *Lacan: esboço de uma vida, história de um sistema de pensamento*. Tradução de Paulo Neves. São Paulo: Companhia das Letras, 1993.
[10]Todos esses textos se encontram publicados em LACAN, J. *Escritos*. Tradução de Vera Ribeiro. Rio de Janeiro: Zahar, 1998.
[11]FINGERMANN, D. *A (de)formação do psicanalista: as condições do ato psicanalítico*. São Paulo: Escuta, 2016, p. 38.

para se compreender que o momento de concluir se desse com a "travessia do Rubicão", que foi a saída definitiva da Associação Internacional e a fundação da sua Escola. Seria ele uma espécie de "herói intelectual", como já o chamou Stuart Schneiderman[12], analisante americano de Lacan? Fecho parênteses.

Não devemos deixar passar que o significante que ele utiliza para se referir ao que o leva a continuar a proferir seu seminário é o mesmo que usa para se referir ao psicanalista e seu ato: autorização. Não por acaso, eu diria, três anos depois ele lança a "Proposição de 9 de outubro de 1967", na qual irá "tratar de estruturas asseguradas na psicanálise e de garantir sua efetivação no psicanalista"[13]. Mais adiante, na mesma proposição, ele afirma que

> [...] essa sombra espessa que encobre a junção de que me ocupo aqui, aquela em que o psicanalisante passa a ser psicanalista, é ela que nossa Escola pode empenhar-se em dissipar. Não estou mais longe do que vocês nesta obra que não pode ser conduzida sozinho, já que a psicanálise constitui o acesso a ela.[14]

Gostaria de destacar, então, alguns elementos e tentar estabelecer um paralelo, com todos os riscos que isso implica, e alertando para o fato de que é apenas isso: um paralelo.

---

[12]SCHNEIDERMAN, S. *Jacques Lacan: the death of an intellectual hero*. Cambridge: Harvard University Press, 1983.
[13]LACAN, J. (1967) Proposição de 9 de outubro de 1967. In: *Outros escritos*. Tradução de Vera Ribeiro. Rio de Janeiro: Zahar, 2003, p. 248.
[14]*Ibid*., p. 258.

O primeiro dos elementos é a questão da autorização, que eu já citei acima. O segundo é o significante "sozinho".

Lacan se pergunta, no início do seminário sobre os quatro conceitos fundamentais, em que estaria autorizado. Esse termo também é usado por ele para falar do psicanalista: "Antes de mais nada, um princípio: o psicanalista só se autoriza de si mesmo"[15] — pois não se autoriza do Outro. Alguns anos depois, no seminário *Os não-tolos erram*, na sessão de 9 de abril de 1974, ele acrescentará: "[...] e de alguns outros"[16]. Na "Nota italiana", ele vai advertir que autorizar-se não é autorri(tuali)zar-se, pois não-todo ser falante pode autorizar-se a produzir um analista: "somente um analista, ou seja, não qualquer um, autoriza-se apenas de si mesmo"[17]. Essa autorização, no entanto, não é inefável: ela pode ser verificada no dispositivo do passe, se o analista assim o desejar.

O paralelo que gostaria de estabelecer é que o ato de fundação da Escola corresponderia a uma autorização por parte de Lacan semelhante àquela do analista que se autoriza de si mesmo, autorização fruto de uma passagem, a de analisante a analista. Ele, afinal, funda a Escola tão sozinho quanto sempre esteve em sua relação com a causa psicanalítica, porém, esse sozinho não significa ser o único, refere-se à solidão do ato. Cabe uma observação sobre a diferença entre os termos *seul* (traduzido por "sozinho" na versão brasileira do "Ato de fundação") e *le seul*, "o único". Acreditar-se o único seria

[15] *Ibid.*, p. 248.
[16] LACAN, J. (1973-1974) *Os não-tolos erram/ Os nomes do pai*. Inédito.
[17] LACAN, J. (1973) Nota italiana. In: *Outros escritos*. Tradução de Vera Ribeiro. Rio de Janeiro: Zahar, 2003, p. 312.

se colocar na enfatuação, ("assim funciona a *i(a)* pela qual se imaginam o eu [*moi*] e seu narcisismo, a servir de casula para o objeto *a* que do sujeito faz sua miséria"[18]) ou do lado da paranoia, uma vez que o único advém da identificação sem dialética com o significante unário[19]. O único é diferente do estar só, que é a solidão estrutural do sujeito em sua relação com a causa. "A solidão do analista em seu ato não se refere ao Um e sim à falta de Um do Outro (S(Ⱥ))"[20]. Da mesma forma, porém, que o analista se autoriza de si mesmo e de alguns outros, Lacan afirma que esta obra não pode ser conduzida sozinha, como citado anteriormente. "Minha solidão foi justamente", diz ele no "Discurso na Escola Freudiana de Paris", "aquilo a que renunciei ao fundar a Escola, e que tem ela a ver com aquela em que se sustenta o ato psicanalítico senão poder dispor de sua relação com esse ato?"[21]. A solidão à qual ele se refere é aquela de cada psicanalista na relação com o seu ato, advinda da sua relação singular com o real, promovendo sua resposta singular, que constituirá seu estilo e seu sinthoma[22]. No discurso do analista proposto por Lacan no seminário *O avesso da psicanálise*, o psicanalista

[18]LACAN, J. (1970) Discurso na Escola Freudiana de Paris. In: *Outros escritos*. Tradução de Vera Ribeiro. Rio de Janeiro: Zahar, 2003, p. 267.
[19]QUINET, A. *Psicose e laço social: esquizofrenia, paranoia e melancolia*. 2ª edição. Rio de Janeiro: Zahar, 2009, p. 102.
[20]QUINET, A. O Um — do impasse ao passe. In: *Stylus: revista de psicanálise*, n. 9, outubro de 2004. Rio de Janeiro: Associação Fóruns do Campo Lacaniano, p. 14. Disponível em *https://issuu.com/epfclbrasil/docs/n9_full*. Acessado em 15 de junho de 2021, às 11h01.
[21]LACAN, J. (1970) Discurso na Escola Freudiana de Paris. In: *Outros escritos*. Tradução de Vera Ribeiro. Rio de Janeiro: Zahar, 2003, p. 267.
[22]FINGERMANN, D. *A (de)formação do psicanalista: as condições do ato psicanalítico*. São Paulo: Escuta, 2016, p. 39.

se localiza no lugar do objeto *a*, cujo estatuto não é da ordem do universal, advindo do percurso singular de cada um na sua análise.

Foi a um grupo para o qual seu ensino "era tão precioso ou tão essencial [...], foi a esse grupo em dificuldade de encontrar uma saída que ofereci a fundação da Escola"[23], o que demonstra que Lacan estava seguro de que não há ato psicanalítico sem referência à transferência. Ao mesmo tempo, embora continuando a proferir o seu seminário, negou-se a se colocar no lugar de mestre, ao fazer com que cada um fosse responsável pelo seu percurso, ao exigir que a entrada na Escola se desse por uma proposta de trabalho ou pela participação em um cartel. Trabalho, portanto, do mesmo modo como em uma análise o trabalho está do lado do analisante.

Com seu ato, Lacan inaugurou uma nova forma de os analistas fazerem laço, que implica não a acomodação numa instituição, mas um trabalho constante que é fazer Escola, âmbito no qual se interroga sobre o que é o analista. A EFP, porém, fracassou. Tomemos, no entanto, a observação que Lacan[24] faz a respeito da análise original tal como citada por Octave Mannoni — de que a verdadeira análise original só pode ser a segunda, por constituir a repetição que da primeira faz um ato. Minha pergunta é: será que podemos aplicá-la à Escola e dizer que a "verdadeira" Escola só pôde advir após a dissolução da primeira? Foi por não poder contar mais

[23]LACAN, J. (1967) Proposição de 9 de outubro de 1967. In: *Outros escritos*. Tradução de Vera Ribeiro. Rio de Janeiro: Zahar, 2003, p. 250.
[24]*Ibid.*, p. 258.

com a presença de Lacan e portanto tendo se distanciado suficientemente dele que se pôde não esperar "nada das pessoas, apenas alguma coisa do funcionamento"[25]?

Como o inconsciente, para Freud, é uma hipótese a ser verificada a cada análise, a Escola seria uma hipótese a ser constatada apenas na experiência. Mais do que tudo isso, no entanto, o ato de Lacan marca a passagem da Associação para a Escola.

[25] LACAN, J. (1980) O Outro falta. In: *Revista da Letra Freudiana*, nº 0, sem data de publicação, p. 47.

Do passado imperfeito à presença do analista

A *poíesis* do ato e a transferência

OSVALDO COSTA MARTINS[1]

EM MEIO A ESFORÇOS para distinguir e articular *repetição* e *transferência* no seminário 8, Lacan afirma que uma das dimensões temporais da transferência é a presença do passado. Trata-se de uma presença em ato que tem caráter de reprodução, sem, no entanto, resumir-se a isso: tal presença engendra também algo de criador. Dizer presença do passado é ironizar a linearidade temporal. Lacan havia afirmado que alguém que chegasse à análise em busca de um bem encontraria apenas o desejo articulado como aquilo que lhe falta. A isso ele acrescenta: "é no tempo, definido no duplo sentido cronológico e topológico da eclosão do amor de transferência, que se deve ler essa inversão que, da busca de um bem, faz a realização do desejo"[2].

---

[1]Psicanalista, membro da Escola de Psicanálise dos Fóruns do Campo Lacaniano e do Fórum do Campo Lacaniano de Fortaleza.
[2]LACAN, J. (1960-1961) *O seminário, livro 8: a transferência.* 2ª edição. Tradução de Dulce Duque Estrada. Rio de Janeiro: Zahar, 2010, p. 89, aula de 14 de dezembro de 1960.

Encontra-se aí, como em outras passagens do ensino de Lacan, uma estreita relação entre tempo, transferência e os efeitos de seu manejo. No caso, o deslocamento inicial da posição de amado, de demandante, para a de desejante, *érastès*, isto é, posição de responsabilidade ante seu próprio desejo e de implicação da divisão subjetiva. Tal movimento, que é báscula entre uma posição e outra, pode ser situado dentre aqueles que têm efeito de *poíesis* cujo sentido tomo de empréstimo a Bachelard. Na *poíesis,* diz ele, há algo de surpreendente, de um tempo inesperado que se faz: "a imagem poética é um súbito relevo do psiquismo. (...) o ato poético não tem passado — pelo menos não um passado no decorrer do qual pudéssemos seguir a sua preparação e o seu advento"[3]. Tal referência ao poético aproxima-o da noção de ato analítico, no que este pressupõe de suporte à/na transferência e uma dimensão inaugural, de acontecimento. O ato, que tem a temporalidade de uma centelha, contrapõe seu corte repentino e fugaz ao tempo que a neurose insiste por empoçar mediante infinitas cogitações do passado ou a dilatação do futuro em promissórias que nunca se cumprem.

O ato também não se dá a preparações. Ele se perfaz em *kairós*, instante oportuno, tempo da ocasião. O mesmo tempo a que Freud se refere quando adverte que o analista não pode perder o tempo de agir, porque "o leão não salta duas vezes"[4], ou quando diz que o inconsciente "fica à espera

[3]BACHELARD, G. A poética do espaço. In: *A filosofia do não; O novo espírito científico; A poética do espaço*. Seleção de textos de José Américo Motta Pessanha. Traduções de Joaquim José Moura Ramos *et al.* São Paulo: Abril Cultural, 1978, p. 183.

[4]FREUD, S. (1937) Análise terminável e interminável. In: *Edição standard brasileira das obras psicológicas completas de Sigmund Freud. Moisés e o*

da oportunidade"[5] para se manifestar. Outra marca de *kairós* é que sua efetivação produz um acontecimento que altera o curso da ordem vigente. *Kairós* está no atacante habilidoso que marca um gol improvável porque sabe onde a bola estará antes mesmo que lá ela esteja. Há quem diga que ele é, na ocasião, sabido pela bola e assim se antecipa a todos e muda o destino do jogo. Diríamos, ainda, que o coringa, em alguns jogos de baralho, é a carta portadora de *kairós* por excelência, aquela cuja presença, por si, gera a oportunidade. Caberia ao jogador captar o momento de usá-la. Não seria o inconsciente também um mestre *kairológico* do baralho, que não perde a ocasião de lançar cartas e fazer seus lances?

Em psicanálise, porém, nenhum desses movimentos opera seus efeitos se a transferência e a presença do analista não estiverem concernidas neles. Lacan, ainda nos anos 1950, deixa implícita a ligação entre *kairós*, transferência e função de analista ao se referir a este como um passarinheiro, aquele que é capaz de alcançar um pássaro em voo: "já que se trata de tomar o desejo e que ele só pode ser tomado ao pé da letra, porquanto são as redes da letra que determinam, que sobredeterminam seu lugar de pássaro celeste, como não exigir do passarinheiro que ele seja, antes de mais nada, um letrado?"[6].

---

monoteísmo, Esboço de psicanálise e outros trabalhos (1937-1939). Direção de tradução de Jayme Salomão. Rio de Janeiro: Imago, 1996, p. 234, tradução modificada.

[5]FREUD, S. (1910 [1909]) Cinco lições de psicanálise. In: *Edição standard brasileira das obras psicológicas completas de Sigmund Freud. Cinco lições de psicanálise, Leonardo da Vinci e outros trabalhos (1910)*. Direção de tradução de Jayme Salomão. Rio de Janeiro: Imago, 1996, p. 42, tradução modificada.

[6]LACAN, J. (1958) A direção da cura e os princípios de seu poder. In: *Escritos*. Tradução de Vera Ribeiro. Rio de Janeiro: Zahar, 1998, p. 648.

No seminário 11, Lacan pensará a transferência diretamente ligada à presença do analista, quando a implica "na atualização da realidade do inconsciente, no que ela é sexualidade"[7], ou quando a toma como aquilo que desvia a demanda da pulsão, sendo o "desejo do analista aquilo que a traz ali de volta"[8]. Reunindo-se essas referências, podemos então propor uma articulação entre transferência, presença em ato e criação.

É sabido que Lacan descola a justaposição entre transferência e repetição e propõe o desdobramento desta em duas partes: *autômaton* e *tiquê*. A primeira depende do significante, dos sulcos feitos pela trama significante por onde a mesmidade insistirá em repetir seu curso, como um rio que insiste em correr sobre si para não se fazer mar. A segunda é a falha que se apresenta, encontro que faz claudicar a repetição da "mesma história tantas vezes lida"[9], que mostra sua imprecisão e a persistência da não relação sexual. Daí poder-se dizer que *tiquê* é também o novo em potência. A repetição-*tiquê* "não espera nem supõe nada, ela é encontro, surpresa da falta de encontro, sempre nova", como disse Colette Soler[10].

Isso põe uma questão que posso dizer ética. O que deve vetorizar o trabalho em análise não é, portanto, a satisfação

---

[7]LACAN, J. (1964) *O seminário, livro 11: os quatro conceitos fundamentais da psicanálise*. 3ª edição. Tradução de M. D. Magno. Rio de Janeiro: Zahar, 1988, p. 165, aula de 13 de maio de 1964.
[8]*Ibid*., p. 258, aula de 24 de junho de 1964.
[9]Referência ao verso do poema "Fanatismo", de Florbela Espanca. In: *Poemas de Florbela Espanca*. São Paulo: Martins Fontes, 1996.
[10]SOLER, C. *Artigos clínicos*. Tradução de Elena Lopes Cólb. Salvador: Fator, 1990.

da *petitio* implicada em *autômaton*, que tende a infinitizar a significação e deixar o trabalho estagnado na demanda dirigida ao analista, atualizando aquela endereçada ao Outro da infância. O que deve vetorizar o manejo da transferência (operação transferência) é o ato que terá por efeito o esvaziamento da força repetitiva. Força esta concernente a um passado imperfeito que insiste como um presente, o tempo daquilo que não cessa de se escrever: *ananké*. A presença do analista no jogo analítico é elemento imprescindível ao ato. Transferência, presença do analista e ato são, portanto, indispensáveis à produção de uma saída outra para a divisão do sujeito, para que algo de acontecimento, de subversão, se engendre e um novo desejo seja suscitado.

O que se pode esperar quanto aos efeitos dessa mudança no que diz respeito à posição do analisante ante o real, que, de resto, está na convocação da vida? Tal posição certamente não é aquela do poeta que conversa com Freud diante dos campos da transitoriedade. Ali, o poeta anseia por um tempo em suspensão e entristece. Freud, por sua vez, afirma o real do tempo, o presente que não cessa de passar: ama o que é, o feito, *amor fati*, como na palavra nietzscheana. A posição de Freud, em "Sobre a transitoriedade"[11], apoia-se na atemporalidade e na indestrutibilidade do desejo, ligando-se ao que tento dizer da *poieisis* de uma análise: transpor o tempo neurótico, marcado pelo "ainda não" ou

[11]FREUD, S. (1916 [1915]) Sobre a transitoriedade. In: *Edição standard brasileira das obras psicológicas completas de Sigmund Freud. A história do movimento psicanalítico, Artigos sobre a metapsicologia e outros trabalhos (1914-1916)*. Direção de tradução de Jayme Salomão. Rio de Janeiro: Imago, 1996, p. 317-319.

pelo "já foi", tempo esperançoso que nunca se perfaz, para que dele se faça a boa hora. A esperança perde por esperar.

Cabe ao analista operar, desde a transferência, o franqueamento das viradas que o analisante precisará fazer quanto ao sujeito suposto saber e quanto ao gozo. Analisante que trabalha sob sua condição de ser falante, que é "essencialmente a falta-a-ser surgida de uma certa relação com o discurso, surgida de uma poesia, se quiserem"[12]. A ele caberá decidir sobre a travessia de seus Rubicões. *Alea jacta est* anunciada desde o início do percurso. Decidir sobre isso é mirar uma nova posição em relação ao tempo, ao desejo e à vida. Viver, aliás, não é a única decisão possível. Mas, sendo esta a decisão tomada, é preciso assumir irrevogavelmente que existe apenas um tempo quando se pode viver: o presente, único tempo que o tempo não consegue extinguir.

[12]LACAN, J. (1960-1961) *O seminário, livro 8: a transferência*. 2ª edição. Tradução de Dulce Duque Estrada. Rio de Janeiro: Zahar, 2010, p. 448, aula de 14 de junho de 1961.

O ato analítico: surpresas e efeitos

SANDRA BERTA[1]

Os EFEITOS DO ATO são também efeitos de Escola, eles não se dão sem as surpresas que podemos recolher nas diferentes instâncias que constituem nossa Escola de Psicanálise dos Fóruns do Campo Lacaniano, em particular nos cartéis. Farei referência aos cartéis do passe dos quais participei nos anos 2016-2018, tendo a oportunidade de participar deles também no próximo biênio, o que me coloca um compromisso e um desafio que muito me interessam e instigam.

Retomo hoje dois tempos das minhas elaborações sobre o tema do ato.

Em 2014, por ocasião do I Simpósio Interamericano da Escola de Psicanálise dos Fóruns do Campo Lacaniano, escrevi o texto "Efeito de Escola: assumir o risco pelo ato psicanalítico", publicado no número 14 do boletim *Wunsch*.

---

[1]Psicanalista, mestre e doutora em Psicologia Clínica pela Universidade de São Paulo (USP). É AME da Escola de Psicanálise dos Fóruns do Campo Lacaniano, membra da EPFCL-Brasil e do Fórum do Campo Lacaniano de São Paulo (FCL-SP).

Como poderíamos nos acostumar ao ato sem promover com isso sua própria negação? Essa pergunta também vale para o passe! O desejo do analista, o ato e o passe são — a cada vez — inéditos, por isso exigem um trabalho de transmissão. Em Massachusetts (1975), Lacan insistia em sua pergunta: como alguém após passar por uma experiência analítica seria capaz de colocar-se em situação de querer ser analista? Bom, eis o passe como dispositivo para recolher não tanto a dimensão do ato, mas o que dele é testemunha: o desejo do analista, por definição, não predicável. Razão pela qual, desde sua proposição da Escola, Lacan advertia que ao ato se lhe mede pelas suas consequências (6 de dezembro de 1967). Colette Soler nos lembrou disto já em 2009, no primeiro Encontro Internacional de Escola, em Buenos Aires.

Não há como entrar na rotina sem cair na impostura. Por isso a pergunta que me coloco faz bastante tempo é: na Escola, será que reconhecer as consequências do ato cabe somente ao cartel do passe no que respeita ao testemunho do passante, via o passador? Sim, em sentido estrito. Porém, para poder recolher ditas consequências, cada peça do dispositivo do passe, e em particular, o passador, está em questão.[2]

Os efeitos do ato analítico afetam os atores dos dispositivos do passe: secretariado do passe, passante, passadores, membros dos cartéis do passe. Quando há nomeação,

---

[2]BERTA, S. Efeito de Escola: assumir o risco pelo ato psicanalítico. In: *Wunsch*, nº 14, 2014, p. 6-7. Disponível em *https://www.champlacanien.net/public/docu/4/wunsch14.pdf*. Acessado em 20 de julho de 2021, às 11h35.

os efeitos se propagam pela função dos Analistas de Escola. Destaco também o trabalho dos membros dos cartéis do passe responsáveis pelas elaborações da sua função.

Num segundo momento, após participar dos cartéis do passe, escrevi um texto que fez referência a três cartéis dos quais participei e nos quais houve nomeação. Detive-me, em particular, ao que nos chegara de uma passante: pontos de suspensão. Estávamos no Simpósio de Barcelona, em 2018.

> [...] Por conta da experiência, aludo aos pontos de suspensão e a suspensão de alguns pontos em jogo, seja pela fantasia que soçobra, seja pelo ponto de parada que oferece, *a posteriori*, uma leitura do passante disso que sua análise tem produzido. Esses três pontos, Lacan os destacara em "... ou pior". Pontos que não são resistências na virada do passe e / ou no final. Suspensão pontuada, antessala do tempo do final. Suspensão que fura a temporalidade do momento de concluir e que passa (às vezes) aos passadores, esse tempo de suspensão e de escansão se *faz dizer*. Três pontos — "..." — nos quais Lacan apontava a função do objeto *a* — descompletude e causa — e acrescentava que operavam na fineza dos campos de gozo.
>
> Essa suspensão é índice de uma "de-tensão"[3] no percurso de uma análise, momento em que a falta de precisão encontra a chance de cifrar essa *alguma coisa* indizível que se destaca de tudo aquilo que fora dito, mas que o evoca também,

[3]Tentamos fazer desse neologismo o equívoco voluntário que fora aquele de uma passante hispanófona entre *de-tensión* [diminuição da tensão] e *detención* [detenção].

> produzindo esse efeito de surpresa, a questão da *intensão: de que se serviu*. Isso nos chegou pelos passadores e houve a ocasião de se centrar nesses pontos de suspensão, de pescar a opacidade desse momento e de acompanhar seus efeitos.[4]

Avanço em 2020, considerando as relações dos efeitos e das surpresas do ato analítico à luz do que está à prova no discurso do analista.

No seminário 18, *De um discurso que não fosse semblante*, Lacan adverte que deveríamos pensar o discurso do analista e o discurso do mestre como uma banda de Moebius[5]. Um ano antes, tinha proposto uma relação de "avesso" de tal modo determinante que intitulou o seu seminário 17 de *O avesso da psicanálise*[6]. Qual foi o passo dado por Lacan para passar do avesso à fita de Moebius? Mostrar que é somente por uma torção no discurso do mestre — entendendo o inconsciente estruturado como uma linguagem — que se promove o discurso do analista, indicando-se o real em jogo. Passagem, então, que se promove pela relação de contingência entre ambos os discursos e na qual se atesta que podemos passar da cadeia do inconsciente, $S_1 — S_2$ (aqui o hífen indica a cadeia significante), para a não relação, impossibilidade, $S_2 // S_1$ (aqui a dupla barra indica que S_1, significante mestre,

[4]BERTA, S. Pontos de suspensão. In: *Wunsch*, nº 19, 2019, p. 47-48. Disponível em *https://www.champlacanien.net/public/docu/4/wunsch19.pdf*. Acessado em 20 de julho de 2021, às 11h38.
[5]Lacan, J. (1971) *O seminário, livro 18: de um discurso que não fosse semblante*. Tradução de Vera Ribeiro. Rio de Janeiro: Zahar, 2009, p. 9, aula de 13 de janeiro de 1971.
[6]LACAN, J. (1969-1970) *O seminário, livro 17: o avesso da psicanálise*. Tradução de Ari Roitman. Rio de Janeiro: Zahar, 1992.

não alcança o saber, S_2, no lugar da verdade), assim como Lacan o escrevera no discurso do analista.

$$\frac{\text{o agente}}{\text{a verdade}} \qquad \frac{\text{o outro}}{\text{a produção}}$$

$$\frac{S_1}{\$} \longrightarrow \frac{S_2}{a}$$

O discurso do mestre

$$\frac{a}{S_2} \longrightarrow \frac{\$}{S_1}$$

O discurso do analista

Dizer que o inconsciente é moebiano implica considerar que o real na estrutura da linguagem faz o corte que verifica sua moebianidade. Porém, isso se decide pelo ato do analista. O discurso do analista não foge do gozo em questão próprio a todo ato de fala. O analista no lugar do semblante algo soube desse gozo da fala que erra nas ficções. O analista faz semblante para que esse gozo seja advertido no deslocamento e nos tropeços do que se diz.

O inconsciente-verdade e o inconsciente-gozo são moebianos. Retiramos consequências diariamente em nossa clínica quando mantemos a tensão entre o que se produz de uma verdade em meio-dizer, na qual o saber entrelaça ficções, e o que o sujeito, colocado ao trabalho — tarefa analisante — faz reverberar do fracasso em dizer a verdade e de acumular saber. Na psicanálise, o saber não se acumula, ele se perde, ele faz a falta, razão pela qual o "tempo que é necessário" faz concluir na encruzilhada que o saber de uma análise não é capitalizável. Os analistas são sábios de um saber que não podem cultivar[7], adverte Lacan.

A verdade é meio-dizer nas repetições das ficções, nas constatações daquilo que o sintoma tem de repetição e de *tiquê*. Afinal, em 1964, Lacan nos advertia de que a repetição é marca da diferença e por isso mesmo índice do valor *tíquico* do gozo. O meio-dizer da verdade é o lugar no qual se apoia a função do analista para semblantear a causa, de gozo e de desejo.

Entre gozo e desejo, o discurso do analista, a palavra, esse par tão bizarro que ele escreve analisante // analisante--analista em 1974, em "A terceira"[8], apontando que só pelo discurso do analista podemos ter o enodamento RSI que interessa à clínica psicanalítica.

Se o discurso do mestre emascara o real e tem como desejo que as coisas marchem, homogeneizando costumes, hábitos etc., o discurso do analista traz à luz o real não homogeneizável. Esse real que se põe em cruz para que as coisas não marchem [*ce que se met en croix*] irrompe para ser colocado em elaboração a partir de um não diálogo que se dá entre os parceiros acima apontados.

Os antecedentes do discurso do analista são dois: o desejo do analista e o ato analítico. Se o desejo do analista é um "x", o ato analítico se formaliza pela função fregueana — F(x) —, na qual encontramos o "x" em questão do desejo do analista

[7]LACAN, J (1967) Da psicanálise em suas relações com a realidade. In: *Outros escritos*. Tradução de Vera Ribeiro. Rio de Janeiro: Zahar, 2003. p. 358.
[8]LACAN, J. (1974) A terceira. Inédito.

respondendo ao argumento de uma função que se refere a um ato do qual recolhemos os efeitos desde que se localize no lugar do semblante. Lembremos que, pelo seu ato, "o psicanalista se faz de objeto *a*. Ele se faz, entenda-se: faz-se produzir; de objeto *a* com o objeto *a*"[9]. Atravessar a fantasia é deixar qualquer miragem imaginária e simbólica do objeto *a*, saber fazer com o sintoma é pô-lo no exercício de sustentar a litoralização dos gozos: função do objeto *a*, borda do furo real. Objeto enodado e enodante porque somente pela elaboração desses gozos se enoda uma existência, e sem garantias.

O analista no lugar do semblante opera moebianamente o inconsciente e intervém nesse enodamento, precisamente porque sua intervenção conta com as duas dimensões da fala: desejo e gozo.

O discurso do analista se orienta por algumas premissas: os pensamentos são aberrantes, isso significa que não alcançamos o real pela representação, é preciso o corpo e a ressonância dele em seu mistério falante para que o que ronrona não se fixe no imaginário-simbólico do sentido, produzindo a *novação* de uma clínica na qual o que ressoe seja da ordem da metonímia, que, desde "Radiofonia"[10], se define por metabolizar o gozo. Destarte: gozo fálico, gozo do Outro e gozo-sentido estão implicados na metabolização do gozo que se produz na fala e, numa análise, por intervenção do analista-semblante. Essa novação exige que a interpretação

[9]LACAN, J. (1969) O ato psicanalítico. Resumo do Seminário de 1967-1968. In: *Outros escritos*. Tradução de Vera Ribeiro. Rio de Janeiro: Zahar, 2003, p. 375.

[10]LACAN, J. (1970) Radiofonia. In: *Outros escritos*. Tradução de Vera Ribeiro. Rio de Janeiro: Zahar, 2003, p. 400-447.

surpreenda menos pelo cálculo e mais pelo equívoco quando somos incautos do inconsciente.

O efeito do discurso do analista "letraliza" o sintoma, *fixion* que morde o real. Dito real não estava antes, produz-se por contingência.

Isso deveria advertir os psicanalistas sobre os seguintes fatos:

- a contingência de produzir um real é uma disposição, conta com a liberdade da interpretação desde que não ancore no sentido sexual "um peixinho cuja boca voraz não se fecha"[11], mas com o sentido do real "não há proporção sexual". Contamos com o falo para a partilha dos sexos, ele é obstáculo e possibilidade do encontro;

- a contingência de produzir um real é uma disposição a causar a tarefa analisante, sustentando a prova da verdade (meio-dita e mentirosa) pela qual o saber furado é índice do inconsciente real, saber sem sujeito, estranho. Quando o semblante é causa, fura o saber que se aloja no lugar da verdade. O sentido que se acumula pelo saber nada mais faz que atingir o cúmulo do sentido, índice de um real;

- a contingência de produzir um real é uma disposição que leva em conta que os *falasseres* são alérgicos ao real, a isso que se põe com cruz, atestando que as ficções em análise podem ter como efeito desse discurso

[11]LACAN, J. (1974) A terceira. Inédito.

grãos de significante opacos, porém com força da identificação "de si a si". Identidade de um modo de gozo apenas modificado, porém determinante para que a satisfação não se sustente no sacrifício e celebre um desejo decidido para com a vida e, por vezes, para com a clínica psicanalítica. Apenas um detalhe na modificação do gozo do sintoma. Isso toma um valor maior que os ganhos terapêuticos e me parece ser um problema. Porque, *a posteriori*, são verificadas mudanças da ordem do sintoma. *A posteriori* de uma análise no decorrer da vida. *A posteriori* se verifica também a eficácia do enodamento a partir dessa letra-fixão. Porque, em alguns casos, é dessa letra-sintoma que o enodamento pelo sinthoma se produz;

- a contingência que produz um real exige que o analista em função esteja à disposição de ser o rebotalho de uma operação que faz parir esse desejo singular, sob condição de serem incautos desse inconsciente quando o *esp de um laps*[12] não demanda mais sentido. Condição que habilita a errar no inconsciente. Erra-me! Parafraseando Almodóvar com *Ata-me!*. Precisamente porque se trata de enodamentos-ataduras que nada esperam da demanda do Outro. E isso não é fácil de bancar. Aliás, é bem difícil de conseguir. Não se pretende viver sem o Outro. Pretende-se saber-se só com o Outro. O roteiro muda. Isso provoca separações de

[12]LACAN, J. (1976) Prefácio à edição inglesa do Seminário 11. In: *Outros escritos*. Tradução de Vera Ribeiro. Rio de Janeiro: Zahar, 2003, p. 567.

diferentes graus. A solidão do gozo pode atiçar a causa do desejo;

- o que poderemos, ainda hoje, concluir dos efeitos do discurso do analista na passagem de psicanalisante a psicanalista, que Lacan chamara de ato analítico, no qual o analista sustenta o lugar da verdade do sujeito para produzir o impossível de um saber? A impotência da verdade e o impossível de um saber são orientes para quem soube topar com eles quando dirige uma cura. Estar à espera da contingência é questão do analista em função. O efeito surpresa não atinge somente o analisante. O efeito surpresa no decorrer de uma análise afeta a ambos os parceiros, cada um em posições diferentes. O efeito surpresa é o que confirma que se pode bancar o rebotalho da operação analítica.

O Campo Lacaniano e a sua atualidade de Escola

2020 tem sido tempo de estranheza, de surpresa, com a adaptação necessária ao tempo surreal. Perante o contágio iminente de um vírus do qual a maioria somente sabe o nome, a palavra que nos faz habitantes desse mundo se mostra ainda mais eficaz para dar sentido e para incluir o sem-sentido que a morte carrega. A castração não tem sentido, tentamos dar sentido à castração e por isso fazemos sintomas. A castração, no limite, é um dos nomes do real. O que poderemos dizer da eficácia do discurso analítico em tempos de traumas, de significantes-mestres da ciência — discurso científico —, como insistira em nos advertir Colette Soler ao longo desse ano pandêmico de 2020 e que se prolonga em 2021?

Esses tempos, antes de considerarem obsoleto o discurso do analista, parecem colocá-lo à prova para contestar a produção de um real (discursivo e científico) que intenta apagar o real que se elabora para cada um a partir de normas protocolares dos encontros dos corpos. Os corpos falantes em seus mistérios fabricam palavras para saber da castração, do sexo, da morte do inominável e do flamante e aterrorizante vírus. Haveria que fazer ruído daquilo que se tenta disciplinar. Haveria que criar com onomatopeias versões do amor de transferência e de outros amores nos tempos da covid-19. *O amor no tempo da covid* — parafraseando Gabriel García Márquez — inclui o amor de transferência e o faz tão eficaz perante o "encontro remoto" quanto antes o era com o encontro presencial. A única presença que se requer para sustentar uma análise é a do desejo do analista e a do seu ato. Falo disso a partir da experiência de estar trancafiada em um quarto dando uma sessão após a outra, tentando diferenciar a cada vez o que há de terapêutico e o que há de analítico. Diferenciar a partir da pergunta e dos efeitos que em cada caso vão sendo percorridos e recolhidos ao longo desse tempo pandêmico. E sei dizer por quê? Porque o analista é aquele que foi infectado não pelo vírus, mas pela bactéria da causa do desejo. Esse é o maior antídoto para a separação de corpos que impõe esse vírus chamado popularmente de covid. Fazer do covid um vazio (*vide*[13] — vid) que cause, esse é negócio de psicanalistas.

[13] *Vide* é uma palavra francesa que significa "vazio".

O DAUS (Dispositivo de Acolhimento às Urgências Subjetivas), organizado pelos colegas do Fórum do Campo Lacaniano de São Paulo, tornou-se uma experiência disso. Bancar essa proposta só foi possível por ter na pauta as coordenadas do que está à prova do discurso do analista, qual seja, fazer produzir um saber não todo perante a verdade que no seu lugar se meio-diz. Aí onde a verdade da vacina se faz realidade e destina algum porvir. Localização da urgência subjetiva, condição de uma entrada em análise e de qualquer acolhimento daquele que se divide quando sua realidade fracassa em sustentar a consistência de *um* sentido. Os eventos podem furar o sentido. O discurso do analista também. Aí está a chance — em boa hora — que nos fez ir à cena pública, quer dizer, atuar na *pólis* com tamanha dimensão. Evoco aqui a *dit-mansão*, na qual os ditos podem ser acolhidos sem ser protocolados, sabendo que eles afetam de modo sutil e extremo o *falasser*.

Para tal empreitada, haveria que lembrar, mais uma vez, "A terceira", de Lacan: "O real não é o mundo. Não há a menor esperança de alcançar o real pela representação" [14]. A psicanálise não nos liberta nem do real do sintoma nem do real do vírus. O real do vírus não é o vírus em si mesmo, são os efeitos de real que esse evento-covid promove. Sabemos que, quanto mais a psicanálise fracasse em reduzir o real do "sintoma-covid", mais terá algum porvir, qual seja, de incluir a questão de cada um perante esse evento.

Nós, psicanalistas, estamos à prova do discurso do analista. Seguimos à prova desse discurso e do que, a partir de nossa prática, podemos elaborar.

---

[14] LACAN, J. (1974) A terceira. Inédito.

Concluo dizendo que os eventos atuais devem seguir sendo tema destacado no debate que realizamos no Campo Lacaniano e na sua Escola para neles pôr à prova: há do psicanalista em questão em cada psicanálise.

O não que afirma a vida

THALITA CASTELLO BRANCO FONTENELE[1]

"ATO PSICANALÍTICO [...] um estranho par de palavras". É assim que Lacan[2] inicia seu décimo quinto seminário, o qual, proferido entre 1967 e 1968, no olho do furacão, está carregado de indagações políticas *strictu senso*. Nele, Lacan se preocupa com o que se passou na comunidade analítica da década anterior e retoma uma antiga pergunta: "Quem analisa hoje?". Assim, ele trata de questionar a ética, ou seja, a política da psicanálise, levantando questões indispensáveis sobre a importância da formação do analista.

Se há sempre um desafio imenso a cada vez, a cada volta, por que insistimos tanto na releitura de Freud? Interessar-se pela sua letra e pela obra de Lacan produz consequências. Interessar-se quer dizer estar entre, estar presente, implicado em uma participação causada pelo desejo. Sabemos que, na clínica, ler a letra tem a ver com a escuta do mal-entendido, do equívoco, sem deixar que isso deslize em significações.

---

[1]Psicanalista, membra do Fórum do Campo Lacaniano de Fortaleza.
[2]LACAN, J. (1967-1968) *O seminário, livro 15: o ato psicanalítico*. Inédito. Aula de 15 de novembro de 1967.

Estudar psicanálise também se dá nessa perspectiva, daí a necessidade do retorno; é preciso saber ler a letra e dela sacar uma lógica, uma estrutura mínima, que se mostra na formalização das experiências clínicas. Esse saber se relaciona com o ato.

Mas, afinal, qual é a especificidade de um *ato analítico*? No Fórum do Campo Lacaniano de Fortaleza, passamos um ano inteiro às voltas com essa questão[3] — que, a propósito, continua em aberto, como deve ser, mas nunca abandonada, substituída por palavras de ordem ou deixada de lado em nome da urgência de outros discursos. Colette Soler nos lembra que "a tarefa de atualizar o ato e a interpretação, à hora do Inconsciente Real, não é para amanhã nem para os que virão, mas para hoje. De modo contrário, correremos o risco de que não haja gerações futuras [...] A psicanálise", conclui, "está verdadeiramente à mercê dos psicanalistas"[4]. Dito isso, é importante lembrar algo àqueles que se sentem cansados: se a idade é contada a partir do tempo do nosso desejo[5], então a velhice em psicanálise não deveria existir, pois o desejo de analista não caduca. Se a capacidade do ato é sustentar alguma coisa apesar do corte, os analistas ditos "velhos" precisam continuar seu trabalho sério e os analistas pretensamente "jovens" devem se esforçar para

---

[3]Em 2020, escolhemos o seminário 15 para estudar juntos.

[4]SOLER, C. El acteísmo analítico. In: *Psicoanálisis*, v. 42, nº 1 e 2. Buenos Aires, 2020, p. 31, tradução nossa. Disponível em *https://www.psicoanalisisapdeba.org/descriptores/transmision/el-acteismo-analitico/*. Acessado em 13 de julho de 2021, às 10h20.

[5]LEGUIL, F. Formas do desencontro: segregação, solidão, amor. In: *Curinga*, 11, p. 4-44. EBP: Minas Gerais, 1998.

dar seriedade ao seu trabalho. Este texto, portanto, nasceu não apenas de um desejo de dizer, mas também de um esforço para sistematizar o que ficou para mim do nosso trabalho coletivo.

No seminário 15, Lacan se volta ao ato para tratar principalmente da passagem de analisante a analista, o que pode nos levar a pensar que ele está querendo tratar apenas do fim. Mas também são levantadas ali diversas questões sobre o princípio, quando diz, por exemplo, que o ato se apresenta necessariamente no começo de uma análise, uma vez que "[...] a transferência não é outra coisa senão a colocação em ato do inconsciente"[6].

O que se pode destacar de um prelúdio analítico? Lacan[7] retoma as frases "No princípio era o verbo" — presente no Evangelho segundo São João — e "No princípio estava a ação" — como afirma Goethe — para lembrar que sem ato não haveria sequer a questão do começo. "Um ato é ligado à determinação do começo, e muito especialmente, ali onde há a necessidade de fazer um, precisamente porque não existe"[8]. O ato, diz ele, é criador, suscita "um novo desejo"[9] e é, nesse sentido, também revolucionário.

No princípio, portanto, está o ato, já que algo se destaca, algo se movimenta, com todas as implicações do Real, para que uma análise se inicie. Chamamos de sismo "um fenômeno que consiste num movimento brusco na crosta

[6]LACAN, J. (1967-1968) *O seminário, livro 15: o ato psicanalítico*. Inédito. Aula de 15 de novembro de 1967.
[7]*Ibid.*, aula de 10 de janeiro de 1968.
[8]*Ibid.*
[9]*Ibid.*

terrestre, decorrente de atividades vulcânicas, do deslocamento de gases e do desprendimento ou acomodação das massas rochosas, gerados no interior da Terra pelo acúmulo de tensões que provoca a liberação de uma enorme quantidade de energia [...]"[10]. Abalo sísmico... Terremoto... Transferência! No princípio é a transferência. É ela quem faz liberar, de repente, tremores antes desapercebidos. "A presença do passado, [...] tal é a realidade da transferência. [...] uma presença um pouco mais que presença — é *uma presença em ato*, [...] uma reprodução"[11]. No princípio é a transferência, até que um dia não mais seja. Até que algo, lá no fim, apresente-se não mais como um sismo, e, sim, *como um relâmpago* — para usar um significante de Lacan[12] sobre o passe.

Contudo, é importante destacar que a transferência possui uma dinâmica muito específica. Ela pode ser tanto o que dá partida a uma análise quanto aquilo que, em forma de resistência, a atrapalha[13], sendo necessário saber operá-la do começo ao fim. Sobre esse aspecto, Bernard Nominé diz uma coisa muito interessante: "Se se fala em

---

[10]Definição disponível em *https://michaelis.uol.com.br/moderno-portugues/busca/portugues-brasileiro/sismo/*. Acessado em 13 de julho de 2021, às 11h35.

[11]LACAN, J. (1960-1961) *O seminário, livro 8: a transferência.* 2ª edição. Tradução de Dulce Duque Estrada. Rio de Janeiro: Zahar, 2010, p. 219, aula de 1 de março de 1961, grifos nossos.

[12]LACAN, J. (1973) Sobre a experiência do passe. In: *Ornicar?* nº 13. Paris: Navarin, 1973.

[13]FREUD, S. (1912) A dinâmica da transferência. In: *Edição standard brasileira das obras psicológicas completas de Sigmund Freud. O caso Schreber, Artigos sobre técnica e outros trabalhos (1911-1913)*. Direção de tradução de Jayme Salomão. Rio de Janeiro: Imago, 1996, p. 109-119.

laço transferencial, é justamente porque se considera que a transferência constitui nó"[14]. Assim, explica ele, tratando-se de um nó borromeano, e não górdio, a questão não é cortá-lo a todo custo, mas ir trabalhando com sua maleabilidade, com a possibilidade de amarrar os três registros de maneira diferente.

> [...] caso se queira justamente adaptar a dinâmica da transferência à dinâmica borromeana, então se pode considerar que seja possível fazer o nó de outro jeito, sem ter de cortá-lo; que o analisante possa parar de supor o saber no Outro e que ele arque com esse saber insabido; que ele não tenha mais necessidade da presença do analista para continuar a apostar na existência do inconsciente.[15]

Afinal, em psicanálise lidamos com um sujeito que é "corda de três tentos, três tranços"[16]. Um sujeito que se manifesta na dúvida, "[...] no campo do inconsciente como pensamento ausente"[17], diz Quinet. "O sujeito para a psicanálise", continua, "é essa lembrança apagada, esse significante que falta, esse vazio de representação em que se manifesta o desejo"[18]. Gosto de imaginar que o analista é, por sua vez, como um pescador, que, sob paciência

---

[14]NOMINÉ, B. O tempo da transferência. In: FCL-MS (org.) *Psicanálise e pandemia*. São Paulo: Aller, 2020, p. 126.
[15]*Ibid.*, p. 127.
[16]ROSA, G. (1956) *Grande sertão: veredas*. 20ª edição. Rio de Janeiro: Nova Fronteira, 2001, p. 66-67.
[17]QUINET, A. *A descoberta do inconsciente*. Rio de Janeiro: Zahar, 2003, p. 12.
[18]*Ibid.*, p. 13.

voluntária, aguarda a fisgada do inconsciente no anzol da palavra. Quando a linha tremula é que tem sujeito dentro — aí é necessário saber puxar. Esse saber, porém, não se ensina, não se troca, nem se vende. É um saber que vem com o tempo, com a experiência da *sisma*, com o advento do ato: um tempo que não se conta no relógio, mas que nos surpreende na qualidade de objeto *a*[19]; uma *sisma* que assusta, mas não paralisa; um ato criativo capaz de "suscitar um novo desejo"[20].

Um ato que não é um fazer ou uma profissão. Um ato que só se verifica depois. Um ato inaugural que tem a ver com a falta[21]. O analista opera com esta falta; coloca-se no lugar de objeto para que do outro lado possa advir um sujeito. Nesse sentido, é preciso lembrar, com Lacan, que "da oferta o analista cria a demanda. Mas a demanda que ele satisfaz é o reconhecimento deste dado fundamental: que o que se demanda *não é isso*"[22]. Quer dizer, o analista se oferece, com seu semblante, com sua castração, para ocupar um lugar de *Grand Route/ Grand Autre/* Estrada Principal/ Grande Outro[23], por onde o analisando vai vagar com suas errâncias, até que um dia, em um salto final, possa atravessar a ponte.

---

[19]Tal como elabora Nominé (2020, p. 114): "[...] minha hipótese que faz do tempo um objeto *a*, no verdadeiro sentido lacaniano do termo — isto é, um objeto inapreensível, mas cuja busca orienta todos os nossos dizeres".
[20]LACAN, J. (1967-1968) *O seminário, livro 15: o ato psicanalítico*. Inédito. Aula de 10 de janeiro de 1968.
[21]*Ibid.*
[22]LACAN, J. (1971-1972) *O seminário, livro 19: ...ou pior*. Tradução de Vera Ribeiro. Rio de Janeiro: Zahar, 2012, p. 90, aula de 9 de fevereiro de 1972.
[23]LACAN, J. (1955-1956) *O seminário, livro 3: as psicoses*. 2ª edição. Tradução de Aluisio Menezes. Rio de Janeiro: Zahar, 1988.

Sabemos que o sujeito vai sendo dito até que possa dizer-se depois. Primeiro, aliena-se no discurso do Outro, aconchega-se, aninha-se, não quer mais sair dali. Como uma vez em que um paciente de seis anos correu para se esparramar no divã quando encerrei a análise, resmungando: “Eu quero morar aqui, quero dormir aqui...”. “Aí não é lugar para dormir, mas para falar” — respondi. “Pra falar?!” — perguntou assustado, levantando-se bem rápido e calçando os sapatos para ir ao encontro da mãe na antessala... Dizer por si mesmo é uma das coisas mais difíceis que existe. Mas a nossa aposta no sujeito está em que algo advenha do não, da separação. Muitas sessões depois, esse mesmo paciente chegou, sentou no divã com um monte de brinquedos e me contou: “Eu tenho duas avós e dois avôs e mais outros... porque eles casaram de novo”. Fiz uma cara de surpresa. Ele reagiu: “Que foi? Você não sabe que as pessoas se separam quando envelhecem?!”. Então balancei a cabeça, consentindo que é isso mesmo: a separação leva tempo, mas torna possível a ressignificação do amor e da vida.

Lacan[24] aposta no dispositivo do passe como algo que pode sustentar sua Escola a partir da verificação de que algumas análises tiveram fim. O fim, nesse caso, é um princípio também, um norteador. Não por acaso, ele afirmou uma vez que “A análise finita e a infinita”[25] era um dos artigos mais importantes quanto à técnica, um verdadeiro “testamento”

[24]LACAN, J. (1973) Sobre a experiência do passe. In: *Ornicar?* nº 13. Paris: Navarin, 1973.
[25]FREUD, S. (1937) A análise finita e a infinita. In: *Obras incompletas de Sigmund Freud. Fundamentos da clínica psicanalítica.* Tradução de Claudia Dornbusch. Belo Horizonte: Autêntica, 2017.

freudiano[26]. A possibilidade de conduzir uma análise, desde o seu começo, levando em conta a finitude é talvez a grande herança que Freud e Lacan nos deixaram.

Embora a transferência seja uma situação de difícil desenlace, a solução criativa que se espera, o saber fazer com ela, talvez não passe exatamente por um corte abrupto, mas por um poder trançá-la a modo próprio — como explica Nominé[27]. Afinal, segundo Riobaldo, "criatura gente é não e questão, corda de três tentos, três tranços"[28]. O corte fica no horizonte, pois ele é o que nos põe a trabalhar. O corte, o *não*, um correlato do fim. E dá-lhe sismo e dá-lhe cisma e dá-lhe trança e dá-lhe nó até que a transferência possa se deslocar "para o seu próprio trabalho e para o trabalho que ele [o analisando] pode partilhar com outros. É o que se chama de 'transferência de trabalho', um elemento essencial na constituição de uma escola de psicanálise"[29].

Por tudo isso é que eu acho que o *não* afirma a vida, uma vez que se saiba tirar proveito dele. É como disse Clarice, em *A paixão segundo G.H.*, mas poderia ter sido dito por Freud em "Além do princípio de prazer"[30]: "[...] não há uma

[26]LACAN, J. (1953-1954) *O seminário, livro 1: os escritos técnicos de Freud*. 3ª edição. Tradução de Betty Milan. Rio de Janeiro: Zahar, 1986, p. 24, aula de 13 de janeiro de 1954.

[27]NOMINÉ, B. O tempo da transferência. In: FCL-MS (org.) *Psicanálise e pandemia*. São Paulo: Aller, 2020, p. 113-130.

[28]ROSA, G. (1956) *Grande sertão: veredas*. 20ª edição. Rio de Janeiro: Nova Fronteira, 2001, p. 66-67.

[29]NOMINÉ, B. O tempo da transferência. In: FCL-MS (org.) *Psicanálise e pandemia*. São Paulo: Aller, 2020, p. 127.

[30]FREUD, S. (1920) Além do princípio de prazer. In: *Edição standard brasileira das obras psicológicas completas de Sigmund Freud. Além do princípio de prazer, Psicologia de grupo e outros trabalhos (1920-1922)*. Direção de tradução de Jayme Salomão. Rio de Janeiro: Imago, 1996, p. 13-75.

forma única de entrar em contato com a vida, há inclusive as formas negativas! inclusive as dolorosas, inclusive as quase impossíveis"[31]. É o que a psicanálise me ensina.

[31]LISPECTOR, C. (1964) *A paixão segundo G. H.* Rio de Janeiro: Rocco, 2009, p. 107.

Ao significante... e além

FRANCISCO PAIVA FILHO[1]

AO PENSAR NO QUE ESCREVER para a jornada deste ano, muitas coisas me vieram à cabeça. Além do estudo do seminário *O ato psicanalítico* promovido pelo FCL-Fortaleza, com a pandemia e a necessidade de criarmos formas de "tocar a vida" apesar e por causa de tudo isso, pudemos compartilhar vários eventos ao redor do mundo. Sem sair de casa. Em poucos cliques, mudávamos de tela, de cidade, de continente.

Uma frase surgiu no pensamento: "Ao infinito... e além". Não me lembrava ao certo de onde seria a frase, quem a proferira. Inicialmente, encontrei algo parecido nas HQs do Super-Homem, "Para o alto e avante". Mas havia uma forma mais atual, de um desenho chamado *Toy story*[2], proferida por um astronauta de brinquedo chamado Buzz Lightyear. Na trama, os brinquedos disputam a atenção de seu dono até que o "patrulheiro espacial" supertecnológico chega e rouba toda a atenção da criança para si. Porém, um detalhe. Ele acredita, com suas asas de plástico, ser realmente

---

[1]Psicanalista, membro da Escola dos Fóruns do Campo Lacaniano e do Fórum do Campo Lacaniano de Fortaleza.
[2]*Toy story*. John Lasseter. Estados Unidos, 2016.

um viajante espacial e não dá ouvidos aos outros brinquedos, que tentam, em vão, convencê-lo de sua real condição. Buzz, na sua relação com o mundo, com a infância, com os outros, engana-se.

Seria Buzz tão diferente assim da experiência de constituição psíquica dos sujeitos? Sobre esse equívoco, Lacan, em "A instância da letra no inconsciente ou a razão desde Freud", nos apresenta um exemplo de duas crianças, um menino e uma menina, sentados um de frente para o outro, que, ao chegarem em uma estação de trem, entram numa discussão. Cada qual acredita ter chegado a um local diferente. Devido a suas posições, a menina vê a placa "Homens" e o menino vê a placa "Mulheres". Cada um, então, acredita que chegou a uma pátria diferente: "'Olha!, diz o irmão, chegamos a Mulheres!'; 'Imbecil!, responde a irmã, não está vendo que nós estamos em Homens?'"[3]. O significante aparece aqui tanto como algo distinto do significado quanto explicita a maneira de como ele coloca a questão de seu lugar na realidade. Uma vez que estejamos numa língua comum com outros sujeitos, podemos expressar algo completamente diferente do que ela diz. Ou seja, ao privilegiar o significante, Lacan desloca o sentido como central dessa fala e apresenta o equívoco como característica fundamental para a linguagem. Isso faz com que haja um deslocamento, palavra a palavra. Uma vez que elas não dizem tudo, não podem dizer tudo, elas veiculam um certo

[3]LACAN, J. (1957) A instância da letra no inconsciente ou a razão desde Freud. In: *Escritos*. Tradução de Vera Ribeiro. Rio de Janeiro: Zahar, 1998, p. 503.

vazio que tenta sempre se articular. Acaba por veicular o próprio desejo.

> E os enigmas que o desejo propõe a toda "filosofia natural", seu frenesi que imita o abismo do infinito, o conluio íntimo em que ele envolve com o gozo o prazer de saber e o de dominar, não decorrem de nenhum outro desregramento do instinto senão sua captação nos trilhos — eternamente estendidos para o *desejo de outra coisa* — da metonímia. Daí sua fixação "perversa" nas reticências da cadeia significante em que a lembrança encobridora se imobiliza, onde a imagem fascinante do fetiche erige sua estátua.[4]

Assim como na história de Buzz, há, para todos, a partir do significante, a introdução de um engano e, ao mesmo tempo, de uma certa infinitização articulada ao desejo veiculado aí, desejo sempre de outra coisa. Assim, a frase característica de Buzz é: "Ao infinito e além". Muito utilizada atualmente para dizer que "tudo é possível", tal expressão também tem sido usada entre filósofos e matemáticos. A criação do conceito de infinito está ligada ao conceito de zero. Dois termos aparentemente extremos, mas que apresentam uma íntima relação, uma vez que indicam aquilo que não é facilmente apreensível.

Algo a que a psicanálise também tem se dedicado: tentar apreender o que não é tão facilmente apreensível. Talvez por isso Lacan proponha os exercícios com cordinhas de barbante, formas topológicas etc. Exercícios que precisam

[4]*Ibid.*, p. 522.

da experiência, precisam ser literalmente apreendidos nas mãos, em suas três dimensões, para tocar nisso que diz respeito à transmissão da psicanálise.

No seminário *Problemas cruciais para psicanálise*, na aula de 20 de janeiro de 1965, Lacan faz um paralelo entre a articulação do significante e a articulação dos números: "o um é o que vem representar o zero para outro um"[5]. Mesma fórmula utilizada para falar do sujeito. O significante é o que vem representar o sujeito para outro significante. Assim como o zero aparece velado e ao mesmo tempo é veiculado junto com o número um, o sujeito também está velado na linguagem, mas também é veiculado junto ao significante.

O sujeito, assim, é um efeito da remissão entre dois significantes. Ele advém de uma certa relação na cadeia significante. A hiância entre dois significantes produz um efeito, um efeito de significação, e é aí que também podemos supor um sujeito.

Um sujeito não supõe nada, ele é suposto. Lacan nos apresenta, assim, a partir do texto "Proposição de 9 de outubro de 1967 sobre o psicanalista da Escola", a transferência articulada ao sujeito suposto saber. A transferência não é, portanto, simplesmente um afeto, nem muito menos dirigido à pessoa do analista. A transferência é um efeito de suposição do saber provocado pela articulação significante do lado do analisante. Um significante qualquer do analisante que se dirige a um significante qualquer do lado do analista, produzindo como efeito a significação de um

[5]LACAN, J. (1964-1965) *O seminário, livro 12: problemas cruciais para a psicanálise*. Inédito.

sujeito ao qual se supõe o saber. É daí que vem o desfile de significantes do sujeito na análise, a cada sonho, lapso, chiste, ato falho, a cada encontro com o real. E esse deslizamento é infinito. De um significante a outro, como na contagem dos números.

Porém, os significantes não dizem tudo. Há sempre algo que escapa. A verdade só pode ser meio-dita. Faltam palavras para dizer toda a verdade. Porém, isso que não consegue ser posto em significantes se demarca enquanto impossível, enquanto real.

Em *Estou falando com as paredes*, na lição de 4 de novembro de 1971, Lacan afirma que a fala define o lugar daquilo a que chamamos verdade. E é aí que temos a sua estrutura de ficção, uma vez que também é mentira. "Na verdade, é o caso de dizer, a verdade só diz a verdade, e não pela metade, em um caso — quando diz *Eu minto*. Esse é o único caso em que temos certeza de que ela não está mentindo, porque supostamente o sabe"[6]. Sendo assim, na articulação dessa verdade ficcional que a fala veicula, há algo do gozo.

O gozo, um conceito articulado por Lacan, mas que, de certa forma, já estava presente desde Freud, especialmente a partir de "Além do princípio do prazer". Lacan demarca que, se há um além, é porque esse princípio não é mais princípio[7]! Para Freud, o princípio do prazer não seria apenas hedonismo, há nele mesmo algo de um princípio de

---

[6]LACAN, J. (1971-1972) *Estou falando com as paredes: conversas na Capela de Sainte-Anne*. Tradução de Vera Ribeiro. Rio de Janeiro: Zahar, 2011, p. 25.

[7]*Ibid.*, p. 26.

desprazer. Pois, desde a experiência de satisfação, já está em jogo tanto o aumento como a diminuição da tensão. E o que seria o gozo senão essa produção de tensão? Tensão essa que se localiza no corpo a partir de uma hiância — veiculada pela fala — através da qual é possível que se opere sobre o corpo, ou os corpos.

Essa hiância tem a ver especialmente com a sexualidade, que, embora esteja no centro de tudo que se passa no inconsciente, é ocupada justamente porque há falta, a qual é representada pelo termo falo. Esse termo aponta para um certo significante completamente evanescente, pois, no que se refere a tentar definir o que se passa com o homem ou com a mulher, ele nos mostra que é sempre impossível. A relação sexual não existe[8]!

E a relação sexual não existe porque o ser é falante. E porque o gozo está aí, nisso que fica esquecido por trás do dito, que é um indizível e, portanto, um dizer. Porém, diante da satisfação da fala, Lacan preocupa-se é com o fim da análise. Especialmente um fim de análise que desviasse do que se produzia enquanto pantomima na IPA, a contratransferência e a identificação ao analista indicando o fim.

É preciso tratar de um final possível diante dessa in-finitude que o significante apresenta na fala. Para tanto, Lacan retornará ao que está desde o início, o sintoma. "Do lado do significante e do sujeito a questão surge articulada, não exatamente ao novo, mas àquilo que ele conhece bem. E o que o sujeito 'conhece bem' é seu sintoma — aquilo que se reproduz em sua vida e que se fixa como inibição, sintoma

[8] *Ibid.*, p. 34.

e angústia"[9]. É assim que se inicia uma análise: com o sintoma, um velho conhecido do sujeito.

O trabalho da análise não é apenas a tradução do sintoma. Nesse caso, o efeito de sentido tanto encanta como engana. E isso pode se estender interminavelmente. Então, é preciso uma outra operação para além disso, uma operação que tem a ver com o ato psicanalítico. Ato que se apressa num fim.

Lacan passa, então, do sujeito e sua articulação significante ao ser e à marca de gozo na carne. Assim, o ser, *l'ettre*, veicula algo novo. Que não é apenas algo "de novo". Não é apenas repetição. Que não é apenas falta-a-ter, falta-a-ser, des-ser. Não é apenas ser faltante, é ser falante. Ser que goza na fala. Ser falante que, no dizer, para além dos significantes, demarca um gozo.

No final das contas, a cadeia de significante não deixa de ser infinita, mas deixa evidente que o sujeito retorna sempre ao mesmo lugar da fantasia, ou seja, acaba a conta. "O final das contas é o final das contas"[10]. O sujeito não precisa mais contar. A palavra contar possui dois sentidos: calcular e relatar. Porém, podemos pensá-la aqui como a demanda. No final da análise, o sujeito não precisa mais contar com o saber suposto ao significante qualquer do analista. A falta que inaugura qualquer contagem lhe é suficiente, assim como a demanda que promove a "contação" ao analista cai, restando o desejo inédito, desejo do analista.

---

[9]TORRES, R. Problemas cruciais para a formação do analista na atualidade: o sujeito suposto saber em questão. In: *Stylus*, nº 33, Rio de Janeiro, 2016. Disponível em *http://pepsic.bvsalud.org/scielo.php?script=sci_arttext&pid=S1676-157X2016000200002*. Acessado em 16 de julho de 2021, às 12h19.

[10]*Ibid.*

Porém, não é apenas o final das contas, é preciso que lhe advenha aí uma satisfação. Satisfação que traz a marca do final de análise, pois é distinta da satisfação com o sintoma articulado à pulsão. O que interrompe a busca da verdade na análise não é nem o esgotamento nem o cansaço, mas é a satisfação. E essa satisfação promove um corte no amor de transferência. O bem-dizer pode chegar ao satis-fazer. Fazer algo com a castração sem precisar tomar isso como uma tragédia, ao contrário, isso leva a uma satisfação. Uma satisfação em poder dizer "basta!"[11].

Se uma análise é finita, a formação não é finita. Ela é contínua. É isso que permite que ela continue fazendo laço na Escola[12]. Os laços continuam a partir da transferência de trabalho entre analistas, do analista com sua função e com as pessoas que se aproximam. O amor após o fim da análise é um novo amor, um amor mais digno, advertido da impossibilidade de dois fazerem um. E esse amor só é possível a partir do amor transferencial, que se inicia como todos os outros. Porém, é a partir desse amor que ele mesmo pode se revelar inconsciente, abrindo vias para um outro amor[13].

---

[11]QUINET, A. A satisfação do fim de análise. In: *Wunsch*, nº 10, Buenos Aires, 2010, p. 64.

[12]TORRES, R. Problemas cruciais para a formação do analista na atualidade: o sujeito suposto saber em questão. In: *Stylus*, nº 33, Rio de Janeiro, 2016. Disponível em *http://pepsic.bvsalud.org/scielo.php?script=sci_arttext&pid=S1676-157X2016000200002*. Acessado em 16 de julho de 2021, às 12h19.

[13]GALLO, J. I. E. Um amor mais digno. In: *Stylus*, nº 31, Rio de Janeiro, 2015. Disponível em *http://pepsic.bvsalud.org/scielo.php?script= sci_arttext&pid=S1676-157X2015000200002*. Acessado em 16 de julho de 2021, às 12h30.

Assim, em uma análise, passa-se de uma infinitização a outra infinitização a partir de algo que pode se marcar como finito. Outro tipo de laço, mudança de discurso. Numa análise, passa-se pela dimensão significante, que é infinita. Porém, a psicanálise em intensão torna essa passagem finita.

O "tudo é possível", promessa no discurso do capitalista, no qual nada se perde e tudo pode ser consumido infinitamente, não faz laço. O que a psicanálise propõe é abordar o impossível, o real, **o que não cessa de não se escrever**. Esse "não cessa" aponta para uma continuidade. O impossível na psicanálise é abordado pelo sintoma necessário (ne-cessário), que **não cessa de se escrever**. Permitindo ao sujeito lidar com as contingências, **o que cessa de não se escrever** torna algo possível — **o que cessa de se escrever**.

Para além do significante, é o real que se marca para cada um nos tempos do fim da análise: o instante de ver, miraculoso, surpreendente, como nos diz Lacan. O tempo de compreender, das voltas do significante. E o momento de concluir, do ato e sua pressa. Algo que pode ser apreensível não pelo sentido, nem muito menos pela falta de sentido, mas pelo *non-sense*. *Non-sense* do fora do sentido, que faz a transmissão. "O que se transmite é algo que não é palavra, é uma singularidade da palavra de dizer aquilo que a funda, mas que é, por sua vez, indizível"[14].

Como nos diz Zilda Machado:

[14]LANDER, T. S.-B. O passe: um passo para a transmissão. In: *Wunsch*, nº 8, Buenos Aires, 2010, p. 14.

> Caberá ao analista, parceiro do inconsciente, com sua escuta e com o ato psicanalítico, colher no discurso da associação livre, nos significantes que compõem a elucubração própria daquele sujeito, os significantes que se associam ao material das palavras encarnadas. Caberá ao analista, com suas intervenções, levar o sujeito ao ponto onde já não há mais parceiro algum, somente o sujeito e seu ser de gozo, pura solidão do falasser, ali de onde provém o ato pelo qual uma análise se conclui.[15]

Retornando ao nosso personagem, Buzz, portanto, na procura pelo além do infinito, tem a oportunidade de atingir um ponto em que algo do fim se demarca. Mas, para que no engano dos significantes algo do fim possa se marcar, é importante que a dimensão do ato esteja presente. Acreditando em sua verdade de "Patrulheiro Espacial", ele pode partir de sua estrutura de ficção — pela qual essa verdade é enunciada — para fazer de seu próprio ser estofo para a produção de um irreal. Um ato que, em seu fim, destitui o próprio sujeito que o instaura. E, mesmo com suas frágeis asas de plástico, poder voar pelo espaço, ao significante... e além.

---

[15]MACHADO, Z. Destrinchar a interpretação. In: *Stylus*, nº 27, Rio de Janeiro, 2013. Disponível em *http://pepsic.bvsalud.org/scielo.php?script=sci_arttext&pid=S1676-157X2015000200002*. Acessado em 16 de julho de 2021, às 12h38.

Análises e o confinamento

No firmamento: a oferta

RAISSA DANTAS[1]

DIANTE DE TODOS OS EVENTOS RECENTES, colocamo-nos mais uma vez a pensar sobre o que pode o psicanalista. Não mais que de repente, estávamos frente ao impasse de como sustentar a condução das análises estando impossibilitados de ir ao consultório. Não sem angústia, uma rede se colocou diante de nós enquanto saída, a rede da internet, do sinal telefônico.

Um pouco mais adiante nesse tempo, acredito que todos já temos provas do ato de sustentar as análises *online*. Aliás, não só as análises, mas também os demais pilares da formação do analista. Enquanto aquilo que depende de suas consequências, continuamos sustentando nossa oferta e assistimos a um entusiasmo de trabalho em rede que já mostra seus produtos.

Para mim, no começo disso tudo, um dito foi indispensável: "Não é só você". Algo que me retirou de uma miragem

---

[1]Psicanalista, membra do Fórum do Campo Lacaniano de Fortaleza.

e pôde apontar para possibilidades. Uma retirada cirúrgica, operação analítica, que apontou para o conjunto ligado pela causa em comum, sem comprometer o ser sozinho[2].

Como atender? Por *WhatsApp*, pelo *Meet* ou pelo *Skype*? Aí então que, ao entrar nas redes sociais, me dei conta de que analistas do mundo inteiro estavam debruçados sobre a questão de como manter o discurso analítico operante diante do horror, das impossibilidades, e sobre a questão das novas possibilidades resultantes deste capítulo que ainda é um *work in progress*.

Ainda que *in progress*, há duas coisas que pretendo trazer aqui daquilo que extraio do tempo de trabalho no contexto da pandemia. Uma delas vem a partir de como os analistas têm "se virado", operado, até então, e a outra diz respeito àquilo que se tece na experiência analítica.

Há questões acerca do fazer analítico que estão sendo respondidas não só nos encontros em rede, como também por eles. Pouco antes da pandemia, entrei num cartel sobre a Escola de Lacan, e continuamos nossos encontros até então. Algo em torno do trabalho no cartel, da leitura dos textos fundamentais da Escola e do intenso trabalho que vem se dando pelas redes precipitou para mim isto que tento colocar aqui em palavras.

Fomos forçados ao isolamento, e isso nos trouxe questões. Pouco antes, falei sobre o ato de sustentar as análises e acredito ser o que escrevo parte de sua consequência. O "não

---

[2]Referência ao uso que Lacan, em 1970, faz de *être le seul* [ser o único] e *être seul* [estar sozinho] no Discurso na Escola Freudiana de Paris. In: *Outros escritos*. Tradução de Vera Ribeiro. Rio de Janeiro: Zahar, 2003.

é só você" preservou a solidão do analista em seu ato, mas apontou, ao mesmo tempo, para algo que Lacan nos disse: "com todos vocês naquilo que faço sozinho, haverei eu de me afirmar isolado?"[3].

A solidão é algo com que há muito lida o analista, mas um passo, ao ser dado sozinho, pode ainda se enlaçar nas transferências de trabalho. Não se tece um analista justamente na experiência analítica? O que abarca essa experiência? Até aqui não estivemos sozinhos ao nos inquietarmos com esse ato ou sobre como sustentá-lo diante do real que irrompia com tanta violência. Algo dessas inquietações pôde ser elaborado e apaziguado no fazer Escola. De certa forma, abrigamo-nos nela enquanto base de operação contra o mal-estar que se apresentou e, abrigados, pudemos continuar o nosso fazer. Um fazer que tem sua importância ao instaurar o contraponto à norma, o único que oferece um lugar a essa vida, a esse corpo que sofre pela entrada na linguagem, ao *falasser*.

O convite dessa jornada convoca à elaboração, e aqui estamos em rede para falar sobre a especificidade do ato analítico e o que ele pode quando a pulsão de morte comparece desenlaçada de Eros: a cada análise que se inicia, uma nova aposta.

É claro que o acontecimento da pandemia foi mote de muitas sessões, mas o que se ouve por trás disso são as subjetivações, o singular de cada um diante da experiência traumática da pandemia. Como bem pontua Marc Strauss, "desde que se fale, combate-se menos a morte do que a impossibilidade

---

[3]LACAN, J. (1970) Discurso na Escola Freudiana de Paris. In: *Outros escritos*. Rio de Janeiro: Zahar, 2003, p. 267.

de chegar, por seus ditos, ao fim daquilo que há a dizer"[4]. A vida da qual se fala em análise é aquela afetada por *alíngua*.

Em meio à pandemia, os atendimentos continuaram e coube aos analistas continuarem a ouvir e a guiar os deciframentos. A questão sobre como sustentar as análises apontava para o ato e, nesse sentido, para aquilo a que responde o desejo do analista. Fazer-se causa pôde operar de casa. Tem sido trabalho do analista fazer comparecer algo de sua presença no virtual. A cada atendimento, um trabalho que convoca ao improviso. Mas aquilo que está fora do previsto é diferente do que se espera de um dispositivo em que o real toca o real? Hoje, posso ver que a questão sobre a operacionalização foi se diluindo no próprio operar.

Chego então ao segundo ponto, sobre aquilo que se tece na experiência analítica a partir de uma operação. Sabemos que o analista opera do lugar de semblante de objeto *a*. Sabemos também que Lacan insere a voz na lista dos objetos pulsionais, e a partir daí ela se presentifica na emergência do sujeito. A palavra "operar" carrega em si o sentido de exercer ação, função, mas também, e porque trabalhamos com o significante, remete-nos à ópera, gênero artístico teatral que consiste em um drama encenado e acompanhado de música.

Desde Freud, foi ao se desprender do olhar que algo do saber inconsciente pôde comparecer pela estrutura da fala, e pela voz. O confinamento dos corpos não impediu que os sujeitos continuassem por aí desenrolando seus dramas.

[4]STRAUSS, M. O que responde o psicanalista? In: *Stylus*, n. 26, junho de 2013. Rio de Janeiro, p. 135

Assim, o analista é convocado a continuar operando, a continuar a temporada, pois ainda temos a voz como instrumento, e a voz sustém o corpo, pode trazer luz à escuridão.

Mesmo há mais de um ano pelo telefone (por chamada ou videochamada), a clínica pôde nos trazer tantos "parece que eu estava ouvindo sua voz" quanto antes. A voz pode tocar o corpo e, mais do que isso, é a parte dele que se coloca em jogo para que um enunciado se produza. Na pandemia, a presença *in loco* do corpo pode faltar, mas o analista dispõe da voz para fazer-se presença, ainda que pelo silêncio. Um discurso pode ser sem fala, mas não sem voz. Enquanto invocante, aquilo que se transmite através da voz exige apenas um endereçamento, que, no encontro analítico, trata-se do analista e seu silêncio[5].

Aquilo que se fala tenta encobrir algo, mas a escuta do analista é orientada por um saber acerca da estrutura topológica do sujeito, há algo por trás do que se diz. Para além do sentido, escutamos as modulações, o tropeço, a entonação, a hesitação. O sujeito vem num certo ritmo contando seu romance familiar, mas, de repente, faz uma pausa ali onde não pede a respiração. O que se estatelou ali é o que interessa ao analista. Ou aquela moça que me conta nos mínimos detalhes uma cena que tenta fazer parecer desimportante, mas que, em certo ponto, se acelera e chega ao fim, antes do fim do fôlego no narrador. O que foi silenciado?

A voz pode comparecer na clínica nos três registros. Para além do que Jean-Michel Vives chama de dimensão

[5]VIVES, J.-M. *A voz na clínica psicanalítica*. Tradução de Vera Ribeiro. Rio de Janeiro: Contra Capa/Corpo Freudiano Seção Rio de Janeiro, 2012.

"imaginário-simbólica"[6] da voz, que seriam seus aspectos de ritmo e altura, por exemplo, ela também comparece enquanto real naquilo que excede o endereçamento, sua dimensão áfona que aborda a estrutura. O lugar do analista convoca ao silêncio, um silêncio que não é ausência de ruído, mas, sim, o necessário à escuta.

A transferência se encarrega desse endereçamento que coloca o analista no lugar de sujeito suposto escutar, e dali ele responde com seu silêncio, um silêncio que se faz fecundo, capaz de fazer advir os significantes que representam o sujeito. Assim como o suposto saber, o suposto escutar conta com a advertência de que aquilo que o analisante imputa ao outro lado da linha está nele mesmo.

Tivemos de adequar o ouvido às novas formas como esse "quê" de sexual se transmite, esse algo para além do registro sonoro, aquilo que do significante não concorre para o efeito de significação[7]. O *online* não exclui as irrupções do real, mas talvez ele convoque o analista em sua disposição. A disposição para incluir no dispositivo a queda da chamada, a falha no sinal, o corte, a suspensão, o silêncio. Não é o cenário ideal, mas à psicanálise interessa o real, o real que inquieta e faz sofrer o sujeito. A pandemia traz em si o real e com ele seus desafios, mas estivemos e estamos em solidariedade, à disposição para atender as chamadas e, ali onde há espera, inserir algo da ordem da esperança, abrindo o campo dos possíveis.

[6]Cf. VIVES, J.-M. *A voz na clínica psicanalítica*. Tradução de Vera Ribeiro. Rio de Janeiro: Contra Capa, 2012, e *Variações psicanalíticas sobre a voz e a pulsão invocante*. Tradução de Vera Ribeiro. Rio de Janeiro: Contra Capa, 2018.
[7]MILLER, J-A. Jacques Lacan et la voix. In: LEW, R. e SAUVAGNAT, F. (orgs.) *La voix. Colloque d'Ivry*. Paris: La Lysimaque, 1988, p. 179.

Diante desse in-cômodo, resta-nos reiterar nossa aposta em uma clínica que se abra ao inesperado e em um fazer analítico que possa capturar o (d)efeitos das linhas e incluí-los na trama que o sujeito tece em análise.

Subversão e ato em psicanálise

ISLOANY MACHADO[1]

MEADOS DE MARÇO DE 2020: o país para quando o coronavírus coloca seus pés em solo (ou ares) brasileiros.

Meados de janeiro de 2021: em Manaus, uma das capitais dos estados da região norte, abrigo do pulmão do mundo, na mais alta onda da covid-19, num único dia 28 pessoas morrem[2] asfixiadas por negligência de nossos governantes.

No intervalo entre as duas datas, muitas coisas aconteceram. No momento em que escrevo este texto, passamos de 233 mil mortes em nosso país. Mas o que pode a psicanálise com seu ato diante de tamanha tragédia? Em 1973, em declaração à rádio France Culture por ocasião do 28º Congresso de Psicanálise, Lacan afirma que "o discurso da ciência tem consequências irrespiráveis para o que se chama a

---

[1]Psicanalista e escritora, membra da Escola de Psicanálise dos Fóruns do Campo Lacaniano, do Fórum do Campo Lacaniano do Mato Grosso do Sul e do Ágora Instituto Lacaniano.

[2]Disponível em *https://brasil.elpais.com/brasil/2021-01-15/morrer-sem-oxigenio-em-uma-maca-em-manaus-a-tragedia-que-escancara-a-negligencia-politica-na-pandemia.html*. Acessado em 10 de fevereiro de 2021.

humanidade. A psicanálise é o pulmão artificial com a ajuda do qual tentamos assegurar o que é preciso de gozo no falar, para que a história continue"[3]. Essa afirmação foi feita poucos anos depois de seu seminário sobre o avesso da psicanálise[4], no qual estava às voltas com os quatro discursos: o do mestre, o do universitário, o da histérica e o do analista.

Se pensarmos no caso do Brasil durante esta pandemia, na melhor das hipóteses, as pessoas estariam bem felizes em poder contar com a ciência. Não é o caso, pois esta tem sido achincalhada em um culto inacreditável à ignorância. Todavia, a segunda parte da fala de Lacan ainda nos serve, se pudermos adaptar a primeira. Digamos que a política mortífera, ou necropolítica[5], dessa extrema direita tem consequências irrespiráveis para os brasileiros. Assim, cabe bem dizer que "a psicanálise é o pulmão artificial com a ajuda do qual tentamos assegurar o que é preciso de gozo no falar, para que a história continue". É pena que se trate de uma metáfora, já que nós, psicanalistas, não temos como nos transformar literalmente em balões de oxigênio para tentar salvar aqueles que estão morrendo não só pelas mãos do vírus, mas por falta de insumos. No entanto, desde meados de março de 2020, rapidamente nos adaptamos à modalidade *online* de

[3]LACAN, J. (1973-1974) Déclaration à France Culture. In: *Le Coq-Heron*, 46/47, p. 7, tradução nossa.

[4]LACAN, J. (1969-1970) *O seminário, livro 17: o avesso da psicanálise*. Tradução de Ari Roitman. Rio de Janeiro: Zahar, 1992.

[5]"Mbembe, em sua obra *Necropolítica*, discute como uma política de morte se apoia em um modo de organização social na qual a soberania permitiria definir que alguns têm mais importância e outros são destituídos de qualquer valor." RIBEIRO, T. T. de S. B. Necropolítica e psicanálise. In: FCL-MS (org.) *Psicanálise e pandemia*. São Paulo: Aller, 2020, p. 35.

atendimento clínico, acontecendo antes só eventualmente, em casos emergenciais. A exceção tornou-se regra, e vivemos em estado constante de urgência.

Diante da iminência da morte, urge viver. O que não é exclusivo do momento de pandemia, já que o deparar-se com a morte, as perdas, a queda do Outro, é uma passagem recorrente tanto na vida como no processo de análise, do início ao fim. Desde sempre, somos sujeitos desamparados e não temos garantia alguma que possa ser extraída do Outro. De qualquer modo, há um desvelamento do desamparo neste momento em que a morte estampa-se por todos os cantos.

E não só, mas também por essa razão, antigos analisantes voltaram, novos vieram em maior volume, nem todos na pressa para falar sobre a pandemia, que acabou se tornando pano de fundo, mas para reclamar os amores perdidos, chorar os planos interrompidos, dar sentido à ansiedade, esta matéria represada que pode romper a barragem psíquica a qualquer momento, e rompe, passando apertada pelos estreitos caminhos da angústia. “Você está me ouvindo?” talvez tenha sido a frase mais falada, seguida da resposta: “Sim, escuto”.

Se antes o sentido da audição estava presente como dado apriorístico, no trabalho *online* nossos corpos se cansaram mais com a necessidade constante de fazer presente a audição, pré-requisito da escuta clínica. Assim, pudemos mantê-la viva, ainda que as vozes estivessem por vezes entrecortadas, em sessões que aconteceram durante caminhadas pelas ruas, dentro do carro estacionado em qualquer esquina, no escritório de casa, com as personagens fantasmáticas no cômodo ao lado. Em tempos nos quais a escuta é das coisas mais raras[6], dar sequência ao trabalho psicanalítico, tanto em intensão como em extensão (pelo incontável número de *lives*), fez com que pudéssemos respirar mais aliviados.

Mas por que estou utilizando o tempo verbal no passado, se a pandemia ainda não acabou? Como no dizer do yanomami Davi Kopenawa, ainda estamos vivendo em "uma terra nua e queimada, impregnada de fumaças de epidemia"[7]. Na guerra das vacinas, não temos previsão de quando poderemos, com segurança, convidar todos os pacientes para o retorno presencial. Enquanto isso, sustentamos as análises de nossa posição de suporte do objeto *a*. Voltarei a essa questão.

Diante da fenda aberta pela pandemia, teríamos nós chegado a 2021 com alguma elaboração em torno disso ou apenas desviamos nossos olhos, para não ficarmos totalmente cegos com o clarão horroroso de tantas mortes acumuladas? Édipos contemporâneos: cegar-se para não ver o que é impossível de não ser visto? A psicanálise não deve coadunar com o engano, mas isso depende do uso que se faz dela, podendo ser tanto normalizador como subversivo. Desde a morte de Freud, sabemos que muito de seu ensino foi interpretado e aplicado em uma lógica de adequação dos sujeitos.

Uma das utilizações mais famosas que carrega um caráter normalizador pode ser encontrada na Psicologia do Ego, que,

[6]LECLAIRE, S. *Quartier Lacan*. Rio de Janeiro: Companhia de Freud, 2007.
[7]KOPENAWA, D. & ALBERT, B. *A queda do céu: palavras de um xamã yanomami*. São Paulo: Companhia das Letras, 2015, p. 65.

apesar de se dizer calcada na psicanálise, entrou em rota de colisão com seus conceitos mais fundamentais. Um exemplo é a ideia de um ego fortificado, consciente e racional[8], que vai totalmente contra o ego freudiano, tão impotente a ponto de não ser senhor em sua própria morada.

Originalmente, a psicanálise nasce a partir de uma lógica subversiva, daquilo que foi o primeiro ato de Freud: ouvir o que não era levado em consideração na medicina da época para desvendar o mistério dos sintomas histéricos, dadas as relações de poder estabelecidas entre médico e paciente. O corpo fala, muitas vezes por meio de um emaranhado de palavras nem sempre suficientes para dar conta dos fenômenos psíquicos, das questões sociais, dos grandes e ao mesmo tempo mínimos temas humanos: as dores, medos e fraquezas, a sexualidade, a morte etc. Mínimos porque fazem parte da estruturação psíquica de cada sujeito, singularidade enredada no fantasma, que claudica.

Ouvir o que não era dito senão pelos sentidos dos sintomas foi a aposta de Freud, replicada por cada analista quando convoca o sujeito a falar, reinaugurando em cada análise o ato psicanalítico. O ato é aquilo que faz a roda girar, seja pelo lado do analista — que coloca sua escuta à disposição —, seja pelos atos e formações inconscientes do analisando (ato falho, *acting out*, sonho etc.), as interpretações que têm efeito de ato e o ato analítico propriamente dito. Ato é corte, ruptura, hiância que se abre no campo da significação, daquilo

[8] AGUIAR, F. & BARATTO, G. A "psicologia do ego" e a psicanálise freudiana: das diferenças teóricas fundamentais. In: *Revista de Filosofia Aurora*, v. 19, nº 25, jul/dez 2007, p. 307-331.

que as palavras não dão conta, modificando e tornando finito o sem-cessar da repetição em torno do mesmo ponto. Daí sendo possível advir a surpresa e o novo, pois o ato provoca passagem e mudança, subversão.

Em um percurso de análise, "o tratamento deve levar o sujeito até a fronteira das coordenadas simbólicas que o determinam, para que a partir de um ato possa ultrapassá-las. Essa passagem, como sabemos, ganhou alguns nomes: travessia da fantasia, destituição subjetiva e ato analítico"[9]. Na mesma orientação, para Quinet,

> a saída, proposta pela psicanálise, é dada pela operação de separação que ocorre no processo de um tratamento analítico. Pela separação de seu desejo pelo desejo do Outro, o sujeito pode livrar-se dos significantes alienantes veiculados pelos desejos daqueles que para ele ocuparam o lugar do Outro, como pai, mãe, tio, avós etc.[10]

Ao falar da posição do analista, Lacan afirma que o psicanalista "comete o ato psicanalítico"[11], não sendo ele todo o objeto *a*, mas operando como tal, e segue dizendo que "o ato consiste em autorizar a tarefa psicanalisante, com o que isso comporta de profissão de fé no sujeito suposto saber"[12]. Isso implica que, a cada entrada em análise, o que opera é um ato de fé e

---

[9]TORRES, R. Uma operação para a política do sinthoma. In: *Stylus*, nº 22. Rio de Janeiro, p. 83, 2011.
[10]QUINET, A. *A política do psicanalista: do divã para a pólis*. Rio de Janeiro: Atos e Divãs Edições, 2021, p. 16.
[11]LACAN, J. (1967-1968) *O seminário, livro 15: o ato psicanalítico*. Inédito. Aula de 7 de fevereiro de 1968.
[12]*Ibid*.

que "ser psicanalista, na posição de *a*, é estar ali para acolher a vestimenta que o analisante lhe reveste. O trabalho analítico acontecerá nessa alternância de vestir e desvestir o objeto"[13].

E a saída? Em seu depoimento de passe na revista Wunsch, Milagres afirma:

> No fim das contas, o que se encontra nesse apagar das luzes da experiência é sempre um muro. Aliás, como lembra Lacan, esse muro está em toda parte. Segundo ele, um poeta é que diz que é um muro, mas não é muro, é simplesmente o lugar da castração. [...] Entretanto, dar de cara com o muro não nos coloca outra saída senão inventar.[14]

Lanço a pergunta para uma prosa futura: o que haveremos de escrever neste muro?

A questão que cabe agora é saber como pode um analista suportar (no sentido de dar suporte) cada análise que inaugura com seu par analisante? Acolher a vestimenta e ter que desvesti-la, ou seja, operar como objeto *a*, coloca em cena a formação do analista, que, para além de estender-se no divã até chegar ao final da sua própria análise, deverá estar atento a outras questões também. Em "A questão da análise leiga", texto de 1926, Freud deixa instruções claras sobre um importante aspecto desta formação:

> Se alguém tivesse de fundar uma faculdade de psicanálise, nesta teria de ser ensinado muito do que já é lecionado pela

[13]RODRIGUES, G. V. *No começo era o ato: uma leitura do seminário O Ato Psicanalítico, livro 15, de Lacan*. Belo Horizonte: Artesã, 2017, p. 83.
[14]MILAGRES, A. F. O saber, se inventa? In: *Wunsch*, nº 21, 2021, p. 9.

> escola de medicina: juntamente com a psicologia profunda, que continua sempre como a principal disciplina, haveria uma introdução à biologia, o máximo possível de ciência da vida sexual e familiarização com a sintomatologia da psiquiatria. Por outro lado, a instrução analítica abrangeria ramos de conhecimento distantes da medicina e que o médico não encontra em sua clínica: a história da civilização, a mitologia, a psicologia da religião e a ciência da literatura.[15]

Podemos acrescentar que um psicanalista não pode negligenciar outras áreas importantes do conhecimento, tais como a antropologia, a sociologia, a política, a filosofia, pois isso nos coloca a par da política da própria psicanálise. O conhecimento é subversivo, tanto aquele que se entrelaça com a teoria psicanalítica para uma melhor compreensão do sujeito em seu contexto como aquele que faz advir a singularidade do desejo de cada um. Lacan corrobora a opinião de Freud ao afirmar que:

> As ciências, sobretudo as ciências em gestação como a nossa, frequentemente tomam emprestado modelo a outras ciências. Vocês não imaginam, meus amigos, o que devem à Geologia. Se não houvesse Geologia, como chegar a pensar que se pudesse passar, no mesmo nível, de uma camada recente a uma camada muito anterior? Não seria mal,

[15]FREUD, S. (1926) A questão da análise leiga. In: *Edição standard brasileira das obras psicológicas completas de Sigmund Freud. Um estudo autobiográfico, Inibições, sintomas e ansiedade, Análise leiga e outros trabalhos (1925-1926).* Direção de tradução de Jayme Salomão. Rio de Janeiro: Imago, 1996, p. 236.

digo de passagem, que todo analista comprasse um livrinho de Geologia.[16]

Um psicanalista chamado Otto Gross, contemporâneo de Freud e que por este era considerado brilhante[17], durante o primeiro Congresso Internacional de Psicanálise, realizado em Salzburgo, depois de assistir à conferência de Freud sobre o homem dos ratos, expressou algumas de suas ideias, pontuando que "a psicanálise abre perspectivas novas referentes aos problemas da cultura"[18]. No entanto, Freud, que acabara de publicar no mês anterior "A moral sexual civilizada e a doença nervosa moderna", deu sinais de que não gostou da intervenção de Gross, respondendo que "somos médicos e devemos permanecer médicos"[19]. Havia outras questões pessoais envolvidas nas relações de Freud com seus discípulos, que extrapolam os objetivos deste texto, mas sabemos que a resposta freudiana não condiz com o que ele teoriza em importantes trabalhos, como "Totem e tabu", "Psicologia de grupo e análise do ego", "O futuro de uma ilusão", "O mal-estar na civilização", "Moisés e o monoteísmo". Sem dúvidas, Freud deixou uma importante contribuição socioantropológica para que os analistas e

[16]LACAN, J. (1953-1954) *O seminário, livro 1: os escritos técnicos de Freud* 3ª edição. Tradução de Betty Milan. Rio de Janeiro: Zahar, 1986, p. 91, aula de 24 de fevereiro de 1954.

[17]Sobre esse autor, indico a leitura do livro CHECCHIA, M., LIMA, R. A. SOUZA JR., P. S. (org.) *Otto Gross: por uma psicanálise revolucionária* São Paulo: Annablume, 2017.

[18]CHECCHIA, M., LIMA, R. A., SOUZA JR., P. S. (org.) *Otto Gross: por uma psicanálise revolucionária*. São Paulo: Annablume, 2017, p. 35.

[19]*Ibid.*

demais interessados pudessem fazer conexões importantes entre a clínica e sociedade.

Em tempos de pandemia somada à política de morte adotada pelos governantes de nosso país, a leitura de tais textos é fundamental para que possamos discutir o ato analítico para além do par analisante-analista. Se a análise é subversiva porque coloca o sujeito e seu desejo em questão, a psicanálise é uma teoria importante para a compreensão de movimentos sociais, como o que levou nosso país a eleger, via voto, um representante de extrema direita[20]. Um líder a evocar identificação da massa, fato que "Freud explica" em seu texto sobre a psicologia de grupo.

Em uma interessante discussão sobre as origens psíquicas do autoritarismo, Checchia afirma:

> A política da psicanálise sustentada por Lacan é a da subversão do sujeito [...], de seu desprendimento em relação aos ideais e aos desejos do Outro que o cerceiam e o inibem a se realizar em sua falta-a-ser. Por tender a ser, então, uma experiência de ruptura, de libertação desses ideais, de desalienação em relação ao desejo do Outro e ao próprio Eu, a psicanálise lacaniana é potencialmente subversiva. [...] A ética psicanalítica é, deste modo, contra qualquer tipo de tentativa de dominação ou de imposição ao sujeito.[21]

[20]Sobre os aspectos históricos e sociológicos dessa questão, indico a leitura do livro SCHWARCZ, L. M. *Sobre o autoritarismo brasileiro*. São Paulo: Companhia das Letras, 2019.

[21]CHECCHIA, M. *Origens psíquicas da autoridade e do autoritarismo*. Belo Horizonte: Dialética, 2020, p. 112-113.

Se a psicanálise não é conivente com a cegueira, tampouco o é com o autoritarismo, seja aquele presente desde a estruturação psíquica, seja o que invadiu o país, quiçá o mundo, com sua onda de conservadorismo. Para além das questões que já assolam os sujeitos em sua lida na tentativa quase sempre ineficaz de

> conciliar as pulsões que o invadem com as exigências do mundo externo e do Supereu, frente ao discurso autoritário tem que lidar com exigências extremamente cruéis. A ameaça à integridade narcísica vinda de fora faz com que o Eu fique esmagado, comprimido e desorientado frente às exigências autoritárias.[22]

Mas seria possível exercer a psicanálise em regimes autoritários? É a pergunta crucial do autor, espécie de eco das vozes de todos os psicanalistas que estão de alguma maneira implicados com a política da psicanálise. Como resposta, ele diria que, "muito embora tais regimes limitem os meios de expressão subjetiva, onde houver um sujeito disposto a falar sob transferência, há possibilidade de uma experiência psicanalítica"[23]. A outra pergunta fundamental feita pelo autor é: "como combater o autoritarismo com a psicanálise?". A resposta é ampla e apoiada em autores como Gross, Nietszche, Adorno, Lacan e outros, o que faz valer a leitura do livro todo. Se em psicanálise o sentido vem no só-depois, encerro meu texto com o convite ao debate para que possamos, passado o

---

[22] *Ibid.*

[23] *Ibid.*, p. 115.

instante de ver, compreender e agir sobre o cenário devastador que vivemos, de tantos lutos e perdas.

Para concluir, recorro ao texto freudiano sobre a transitoriedade:

> O luto, como sabemos, por mais doloroso que possa ser, chega a um fim [...]. É de esperar que isso também seja verdade em relação às perdas causadas pela presente guerra. Quando o luto tiver terminado, verificar-se-á que o alto conceito em que tínhamos as riquezas da civilização nada perdeu com a descoberta de sua fragilidade. Reconstruiremos tudo o que a guerra destruiu, e talvez em terreno mais firme e de forma mais duradoura do que antes.[24]

Com o entusiasmo daqueles que, de queda em queda, fizeram a roda girar, sigamos firmes em nossa ética, porque teremos que reconstruir tudo o que esta guerra arrancou de nós. Talvez a psicanálise esteja aí como um instrumento que, se em intensão, promove ao sujeito a possibilidade de romper com suas amarras ao Outro. E quem sabe isso possa ter efeitos na *pólis*, na medida em que, na extensão do efeito singular, outros arranjos sociais são possíveis? Deparar-se com o muro da castração não é sobre poder perder, rearranjar-se diante do impossível de saber? Olhar para si ao invés de tomar o outro como o infernal?

[24]FREUD, S. (1916 [1915]) Sobre a transitoriedade. In: *Edição standard brasileira das obras psicológicas completas de Sigmund Freud. A história do movimento psicanalítico, Artigos sobre metapsicologia e outros trabalhos (1914-1916)*. Direção de tradução de Jayme Salomão. Rio de Janeiro: Imago, 1996, p. 319.

Formação e ato

LINCOLN SHAYCOLN
TEIXEIRA SANTOS E DÊDÊ[1]

ESTE TRABALHO FOI APRESENTADO oralmente no final do ano de 2020. Estávamos todos passando por momentos muito difíceis por conta dos problemas coletivos e individuais causados pela pandemia de covid-19 e por termos que lidar com os absurdos das políticas genocidas do governo em vigor. Uma pergunta pairava em nossas cabeças, em maior ou menor grau: por que estudar e praticar a psicanálise em tempos tão difíceis? Frente ao mal-estar, a psicanálise responde propondo uma conjugação entre ética e estética. E este trabalho é fruto disso, uma aposta em tentar viver apesar do que estávamos passando. Há uma miséria neurótica, e a psicanálise pode ajudar a diminuí-la. Porque, em alguns casos, é possível viver apesar de... O intuito do texto é discutir o aspecto didático de uma análise.

Em vários momentos, Freud deixou clara a sua posição em relação à importância da análise do analista. Para ele, quem quisesse praticar a psicanálise precisaria passar

[1]Psicólogo e psicanalista.

pelo tratamento, pelo menos até o ponto em que fosse produzida uma firme convicção na existência do inconsciente. Uma análise também permitiria que houvesse mudanças libidinais e que o praticante de psicanálise modificasse sua relação com o inconsciente e com as pulsões, aumentando as chances de o psicanalista conseguir suportar a transferência, além de abrir seus olhos para o risco de lidar com os analisantes a partir de suas próprias demandas de amor e de reconhecimento.

Durante um bom tempo, enquanto Freud estava vivo e até depois de sua morte, a análise foi vista a partir de dois aspectos: o do tratamento e o didático. Os não analistas teriam acesso apenas ao aspecto do tratamento, feito por um analista de sua escolha. No caso das análises dos analistas, as coisas se misturavam, pois quem pretendia ser psicanalista teria que passar por um tipo específico de análise, chamada análise didática, onde aprenderia o ofício com seu analista e seria aprovado ou não por ele, ao mesmo tempo que passaria pelo tratamento. As chamadas análises didáticas respondiam aos dois aspectos, servindo tanto para a formação quanto para o tratamento, e possuíam mais uma especificidade: o analista escolhido para conduzir a análise não poderia ser qualquer um, teria que ser um analista reconhecido formalmente pela instituição psicanalítica, um analista didata.

A denúncia de Lacan foi apontar que a única instituição psicanalítica que em sua época autorizava os analistas, a International Psychoanalytical Association (IPA), se utilizava do aspecto didático das análises de forma tal que invalidava o caráter transformador dos tratamentos. A análise do analista, então, era a mais enviesada de todas, pois é difícil para alguém falar o que vem à cabeça quando o analista está, institucionalmente, na posição de avaliador. Nesses casos, o diagnóstico, por exemplo, ao mesmo tempo que servia para direcionar a análise conduzida pelo analista experiente, funcionava também como critério de seleção para novos analistas.

O texto de Lacan "Situação da psicanálise e formação do psicanalista em 1956" apresenta o silêncio que se instalou na comunidade analítica. As suficiências, analistas experientes e didatas, não precisavam falar e nem demonstrar as razões de sua clínica. Os sapatinhos apertados, analistas mais jovens que faziam suas análises com os didatas, nada perguntavam, não havia questionamentos. Sobre os sapatinhos apertados, Lacan afirmou: "[...] o benefício que eles haviam extraído de sua análise pessoal, diremos aqui o que de mais frequente e fundamental surgiu na homenagem que eles prestavam a seus didatas; é algo que cabe numa palavra: desintelectualização"[2].

Sabemos que Lacan rompeu com esse modelo, dizendo que toda análise é didática. E depois deixando claro que não é a instituição psicanalítica que autoriza alguém a exercer a função de analista, pois o analista se autoriza de si mesmo. Sabemos também que tais afirmações não são simples e que é preciso ter cautela ao interpretá-las. A pretensão deste artigo é colocar em evidência o aspecto didático de uma

[2]LACAN, J. (1956) Situação da psicanálise e formação do psicanalista em 1956. In: *Escritos*. Tradução de Vera Ribeiro. Rio de Janeiro: Zahar, 1998, p. 486.

análise. O que seria esse didático, o que, em uma análise, é formativo?

No livro *A (de)formação do analista*, Dominique Fingermann faz uma pergunta que pode nos ajudar, pois ela enlaça formação e ato: o que devemos exigir do final de uma análise para formar analistas à altura do ato do psicanalista, à altura da resposta que convém ao estilo do inconsciente? Essa pergunta, em si, nos apresenta caminhos muito interessantes. A finalidade da formação do analista é que ele esteja à altura do ato, esse ato seria uma resposta que convém ao estilo do inconsciente. E a condição para esse ato, nos diz Fingermann, "depende de sua disposição [do analista], para suspender, e até mesmo dispensar o pensar que está sempre em um encadeamento de uma suposição de saber"[3]. Aqui se esboça uma primeira volta do que seria o caráter didático de uma análise: espera-se que alguém que passou por uma análise possa, em alguns momentos, dispensar o pensar.

No texto "O ato psicanalítico", Lacan descreve de forma clara o que ele está chamando de ato psicanalítico: "eis que nós o supomos a partir do momento eletivo em que o psicanalisante passa a analista"[4]. Este momento, marcado por uma destituição subjetiva, possui uma dimensão de escândalo que é, nos diz Lacan, "a falha percebida do sujeito suposto saber"[5]. Essa falha, no entanto, não é fácil

[3]FINGERMANN, D. *A (de)formação do psicanalista: as condições do ato psicanalítico*. São Paulo: Escuta, 2016, p. 46.
[4]LACAN, J. (1969) O ato psicanalítico. In: *Outros escritos*. Tradução de Vera Ribeiro. Rio de Janeiro: Zahar, 2003, p. 371.
[5]*Ibid.*, p. 372.

de suportar e, por isso, o ato do psicanalista comporta uma dimensão de horror decorrente do fato de que o Outro está submetido à castração. Além disso, a experiência de perceber a falha do sujeito suposto saber não se restringe à experiência de aquisição de conhecimento.

Em uma lição de 6 de dezembro de 1967, Lacan se pergunta se o seu ensino constitui um ato e responde: "Um ensinamento não é um ato, jamais foi. Um ensinamento é uma tese, como sempre se formulou muito bem, no tempo em que se sabia o que era um ensinamento na universidade"[6]. Podemos afirmar, então, que se autodenominar psicanalista e receber pessoas em um consultório, ou mesmo estudar toda a obra de Freud e Lacan, ou de qualquer outro teórico que se julga ter o melhor ensinamento sobre o que é uma boa psicanálise, não constituem fatores suficientes para que alguém esteja à altura do ato psicanalítico.

É importante ressaltar que esse entendimento não pode corroborar com a desintelectualização do debate e das discussões teóricas entre os psicanalistas. O argumento resume-se no seguinte: o estudo teórico é necessário, porém não é suficiente. Para suportar o exercício da função do analista é preciso ter percebido a falha no sujeito suposto saber. E isso acontece quando se leva a análise até determinado ponto, um momento de passagem, o ato psicanalítico. Alguns anos antes, em 1961, ainda pertencendo à IPA, Lacan, no seminário sobre a transferência, afirma: "O analista não deve ser totalmente ignorante de um certo número de coisas, isso é

---

[6]LACAN, J. (1967-1968) *O seminário, livro 15: ato psicanalítico*. Inédito.

certo. Mas não é isso, de modo algum, que entra em jogo em sua posição essencial"[7].

Voltando ao seminário sobre o ato, podemos encontrar o seguinte trecho: "interpretação e transferência estão implicadas no ato pelo qual o analista dá a este fazer suporte e autorização"[8]. Com isso, podemos afirmar que, desde o início da análise, na transferência e nas interpretações, já há uma implicação no ato do psicanalista. O ato é a passagem de analisante a analista, no entanto, é preciso um analista anterior que maneje a transferência e faça interpretações. Falo isso para tentar frisar os tempos do ato. Entendo desta forma: a passagem de analisante a analista dá provas de que houve um analista anterior, que dirigiu o tratamento.

É possível que, em uma argumentação formal, possamos dizer que não há psicanalista sem psicanalisante. O psicanalista é uma função que opera como objeto. Isso quer dizer que quem, em algum momento, encarna essa função não o faz como sujeito, não o faz a partir de suas identificações. No discurso do analista, o agente é o objeto causa de desejo, e a função do analista é fazer semblante de objeto. No lugar destinado ao Outro, está o sujeito barrado, o sujeito com sua falha. A verdade recalcada, que é a base desse discurso, é um saber ao qual o sujeito em questão não tem acesso. Nos *Outros escritos*, antes de elaborar a teoria dos quatro discursos, Lacan diz: "que haja inconsciente significa que

---

[7]LACAN, J. (1960-1961) *O seminário, livro 8: a transferência*. Tradução de Dulce Duque Estrada. 2ª edição. Rio de Janeiro: Zahar, 2010, aula de 21 de junho de 1961.

[8]LACAN, J. (1967-1968) *O seminário, livro 15: ato psicanalítico*. Inédito.

há um saber sem sujeito"[9]. E mais: "cabe, portanto, afirmar que o psicanalista, na psicanálise, não é sujeito, e que, por situar seu ato pela topologia ideal do objeto *a*, deduz-se que é ao não pensar que ele opera"[10]. Fingermann coloca essa discussão nos seguintes termos:

> com Lacan, chamamos ato psicanalítico a presença de psicanalista, a sua acontecência; algo de analista acontece, ocorre, quando ele posiciona o objeto como causa, como agente da operação do laço social que ele determina.[11]

Podemos dizer, então, que um candidato a analisante coloca um significante qualquer sobre um praticante de psicanálise e supõe nisso uma conjunção entre sujeito e saber. O analisante constrói as condições de possibilidade para que haja função analista e o praticante de psicanálise autoriza ou não, encarnando essa função, a tarefa psicanalisante. Cito Lacan na lição de 21 fevereiro de 1968: "o ato consiste em autorizar a tarefa psicanalisante, com o que isso comporta de profissão de fé no sujeito suposto saber"[12].

É preciso que se diga: o analisante faz a maior parte do trabalho, ele costura toda a fantasia que possibilita a existência da função analista e a entrega de mão beijada a quem o escuta, e no final ainda paga. Espera-se do praticante de

[9]LACAN, J. (1969) O ato psicanalítico. In: *Outros escritos*. Tradução de Vera Ribeiro. Rio de Janeiro: Zahar, 2003, p. 372.
[10]*Ibid.*, p. 373.
[11]FINGERMANN, D. *A (de)formação do psicanalista: as condições do ato psicanalítico*. São Paulo: Escuta, 2016, p. 54.
[12]LACAN, J. (1967-1968) *O seminário, livro 15: ato psicanalítico*. Inédito.

psicanálise que responda à altura do ato psicanalítico, que dispense o pensar em momentos precisos, que já tenha percebido a falha no sujeito suposto saber, que responda de forma conveniente ao estilo do inconsciente, que tenha a firme convicção de que há um saber sem sujeito. Espera-se que haja psicanalista.

Perceber a falha no sujeito suposto saber e desfazer-se das identificações parecem ser condições necessárias para ocupar o lugar de objeto e exercer a função analista, e é possível pensar que isso faz parte do aspecto didático de uma psicanálise. Vale aqui uma citação longa de Fingermann:

> O ato do psicanalista causa, sem saber, escapando ao saber suposto (e nisso se confirma como conveniente para o estilo do inconsciente e a resposta que lhe convém), para que a psicanálise seja transformadora, ou seja, didática, transformadora da hipótese neurótica do sujeito suposto saber na hipótese lacaniana de um saber sem sujeito, que localiza S_2, o corpo do saber, ou o corpo como saber inconsciente que ex-siste e resiste à representação [...] do outro lado do muro da linguagem.[13]

Por fim, quero lembrar o testemunho de passe de Andréa Milagres[14]. Em uma cena de um sonho, ela viu o seu analista desatarraxar o pênis e mostrar um pau oco, como um cano

---

[13]FINGERMANN, D. *A (de)formação do psicanalista: as condições do ato psicanalítico*. São Paulo: Escuta, 2016, p. 55.

[14]MILAGRES, A. F. O saber, se inventa? In: *Wunsch*, número 21. Disponível em *https://www.champlacanien.net/public/docu/4/wunsch21.pdf*. Acessado em 11 de junho de 2021, às 15h03.

de PVC. Ao ver essa imagem, ela pensa, "era com isso que você estava me enganando?". O sonho tem valor de chiste e aponta para o fim. É possível afirmar que o aspecto didático de uma análise não tem a ver com o estudo teórico e nem mesmo com a dimensão demonstrativa, mas com a construção de um saber de pau oco.

Aonde eu não estou as palavras me acham

O ato analítico e a criação sobre o nada

ANNA PAULA FAGUNDES BEZERRA[1]

ESCREVO ESTE TRABALHO INSPIRADA pela poesia de Manoel de Barros. Ao exaltar a imperfeição, a insignificância e o nada como matérias de sua escrita, o poeta me remete ao caminho percorrido em uma análise, a qual, se chega a seu fim, nos leva a descobrir uma forma singular de criar sobre o vazio que nos estrutura. Assim como o poeta, uma análise nos instiga a fazer algo com o real que se revela em sua dimensão mais crua e inefável, e aí nos convoca a criar. "Tem mais presença em mim o que me falta"[2], diz o poeta. No fim de um percurso analítico, também se é tocado pelo comparecimento de uma falta, estruturante, mas que, trabalhando-a em análise, se pode fazer dela algo de inédito, assim como o poeta cria em torno do nada.

---

[1]Psicóloga, psicanalista, membra do Fórum do Campo Lacaniano de Fortaleza

[2]BARROS, M. *Livro sobre nada*. 3ª edição. Rio de Janeiro: Record, 1996, p. 67.

A prática lacaniana, orientada para o real, tem o ato analítico como uma via para se chegar nele. No seminário *O ato psicanalítico*, Lacan tenta dar contorno àquilo que identifica um psicanalista e busca responder o que delimita uma prática para que ela possa ser chamada de psicanalítica. Adverte que, embora seja possível estabelecer os procedimentos que orientam uma análise, isso, contudo, não resulta em dizer o que é um psicanalista. Para tanto, aposta no ato, que seria da ordem do que o qualifica. Essa identificação passa pela criação de um saber sobre o real, advertida e orientada pela passagem de analisante a analista.

A fundamentação do ato em psicanálise nos remete ao início da prática psicanalítica. Freud, desde o texto "Sobre a psicopatologia da vida cotidiana", no qual aborda o ato falho, esforça-se por esclarecer as dimensões do ato em psicanálise, discutindo como falhas em atos corriqueiros do cotidiano podem ser plenas de sentido, pois são formas de manifestação inconsciente. Em 1914, no texto "Recordar, repetir e elaborar", Freud se detém sobre a atuação ou tendência a agir, utilizando o termo *agieren* para designar esse tipo de ato[3]. Segundo Alberti[4], Freud diferencia ato de ação em sua obra, pois utiliza cinco termos para referenciar ato — *aktion, handlung, akt, tat e agieren* — e apenas um — *tat* — para se referir à ação. A diferença primordial entre ato e ação,

[3]FREUD, S. (1914) Recordar, repetir e elaborar. In: *Edição standard brasileira das obras psicológicas completas de Sigmund Freud. O caso Schreber, artigos sobre técnica e outros trabalhos (1911-1913)*. Direção de tradução de Jayme Salomão. Rio de Janeiro: Imago, 1996, p. 165.
[4]ALBERTI, S. *Esse sujeito adolescente*. Rio de Janeiro: Rios Ambiciosos / Contra Capa, 2009.

em Freud, pode ser deduzida pela relação entre vontade e pensamento. Enquanto a ação inclui a vontade consciente e o pensamento, o ato exclui, incluindo a linguagem e o desejo.

Desses termos introduzidos por Freud, o ato traduzido por *agieren* é o que se restringe ao contexto analítico. O *agieren* pode ser definido como passagem ao ato, ou *acting out*, e pode ser relacionado à impotência do dizer. Quando está sob transferência, o analisando age porque falha a lembrança do recalcado. Já que o inconsciente está encoberto, o sujeito age sem que consiga reconhecer a si próprio na causa desse agir. Não conseguindo lembrar como sujeito, o analisando repete, sem se guiar pelo pensamento. No lugar da palavra, o ato. Ao invés de associar livremente, o analisando age, fora ou dentro da sessão analítica. Na perspectiva da análise, em transferência, o *agieren* é a passagem em direção à verdade e, fora da análise, reafirma a alienação ao sintoma[5].

Em Lacan, vemos a correlação entre o termo *agieren* e o *acting out*, ou passagem ao ato. No seminário 10, ele retoma o conceito de *acting out*, destacando seu contexto transferencial prévio ou posterior à entrada em análise. Nesse sentido, o analista deve escutar o *agieren* na intenção de incluí-lo no discurso sob a forma de novas repetições. É nesse seminário sobre a angústia que Lacan diferencia o *acting out* de um ato deliberado, definindo-o como uma demanda endereçada ao Outro e relacionando-o a uma cena que o inconsciente exibe. A demanda ao Outro se apresenta como uma mensagem em ato, já que o sujeito não tem condições de elaborá-la em palavra. O Outro é então plateia da cena que o sujeito lhe

[5] *Ibid.*

oferta como mediação da palavra, para a qual o *acting out* serve de suporte[6].

Em relação à passagem ao ato, não há, segundo Lacan, endereçamento do ato; o sujeito, por sua vez, se identifica ao objeto *a*, tocando o real através da projeção para fora da cena, para fora da realidade. No lugar da mensagem, encontra-se a desistência do sujeito, que se deixa cair para fora do simbólico. O ato concretiza uma ausência de simbolização.

Já o ato analítico é resposta do analista. O analista responde em ato. Lacan toma o ato analítico no aspecto de realização. Alguma coisa que se revela em potência, mas que carece de uma causa hábil que a transforme em ato, que a atualize. O ato torna possível ir além do simbólico, já que sua emergência gera o equívoco de supor o que estava ali desde sempre. Faz emergir, assim, algo da ordem do desprazer, do horror, pois não se trata de uma intervenção subjetiva. O ato analítico é sem o Outro. Sendo pontual e contingente, o ato atinge o sujeito no seu dizer ao responder a uma temporalidade que não é cronológica, mas lógica. Saber e transformação estão na esfera de uma análise, implicando um desarranjo da ancoragem do sujeito nas suas certezas, uma ruptura nas suas repetições.

Ao pensar o ato analítico, Lacan afirma que ao analista cabe deixar o inconsciente emergir, mas que se faz necessária uma ação, que pode ser "poesia ou manejo"[7], que carac-

---

[6]LACAN, J. (1962-1963) *O seminário, livro 10: a angústia*. Tradução de Vera Ribeiro. Rio de Janeiro: Zahar, 2005, p. 128-145, aula de 23 de janeiro de 1963.
[7]LACAN, J. (1967-1968) *O seminário, livro 15: o ato analítico*. Inédito. Aula de 29 de novembro de 1967.

teriza a posição do analista. No momento do ato, o analista não se inclui como sujeito.

"É preciso transver o mundo"[8], diz Manoel de Barros. Em sua obra, o poeta cuiabano, que viveu boa parte de sua infância no Pantanal, elege o olhar às coisas (aparentemente) desimportantes, fazendo com que sejam tratadas como uma singela homenagem àquilo que se assemelha à identificação do poeta. Por meio de uma argúcia característica, Manoel propõe uma perspectiva sobre o que o cerca, abalroando uma singular complexidade da beleza com a profunda simplicidade das coisas e desvelando um desapego aos ideais mundanos. Ele rejeita o discurso capitalista, desinveste as insígnias do capital de nobreza e derrama-se em encantos à natureza e ao que é mercadologicamente considerado inútil, descartável, escória eliminável.

> prefiro as máquinas que servem para não funcionar
> Quando cheias de areia de formiga e musgo — elas
> Podem um dia milagrar de flores
> (os objetos sem função têm muito apego pelo abandono)[9]

O poeta desvela seu inconsciente através de sua obra. Desde Freud, a psicanálise reconhece que o artista se aproxima do psicanalista: embora através de artifícios diferentes, a poesia e a psicanálise trabalham com o mesmo artefato, o inconsciente. Em "Delírios e sonhos na *Gradiva* de Jensen",

[8]BARROS, M. *Livro sobre nada*. 3ª edição. Rio de Janeiro: Record, 1996, p. 75.
[9]*Ibid.*, p. 57.

texto de 1907, Freud nos diz que a criação artística nos instrui sobre a formação e a estrutura do inconsciente[10]. Seu interesse por Shakespeare e Goethe é um exemplo de como estabeleceu interessantes diálogos com artistas, resultando em produtivos atravessamentos com a psicanálise.

O interesse de Freud pela criação artística coteja um saber sobre o inconsciente, revelado pela afetação que a arte causa, por seu poder de incomodar e abordar subjetivamente, sem recursos teóricos ou científicos. A poesia arquiteta uma sabedoria sobre o desconhecido. A correspondência trocada entre Freud e Jensen, autor de *Gradiva*, é um exemplo interessante de como a teoria não é essencial à arte.

Como o inconsciente não pode ser completamente desvelado, seus sentidos seguem sendo reconstruídos. A poesia alcança desvelamentos do enigma inconsciente, criando atalhos para que aquilo que não se pode simbolizar ganhe representação.

Lacan, em sua reverência à escritora Marguerite Duras, destaca que o artista sempre antecipa o psicanalista, pois aquele exerce a função de desvelamento e desmistificação[11]. Isso que afeta o ser falante, mas que não ganha status de saber, que não pode ser dito pois não está contemplado pela teoria, o artista, na criação e na paixão pela escrita, expressa.

[10]FREUD, S. (1907) Delírios e sonhos na *Gradiva* de Jensen. In: *Edição standard brasileira das obras psicológicas completas de Sigmund Freud. "Gradiva" de Jensen e outros trabalhos (1906-1908)*. Direção de tradução de Jayme Salomão. Rio de Janeiro: Imago, 1996, p. 84.

[11]LACAN, J. (1965) Homenagem a Marguerite Duras pelo arrebatamento de Lol V. Stein. In: *Outros escritos*. Tradução de Vera Ribeiro. Rio de Janeiro: Zahar, 2003, p. 200.

Lituraterra é uma mistura de letras que Lacan concebe para batizar um artigo introdutório em uma revista que aborda literatura e psicanálise. A partir da raiz latina *lino,* que origina o termo *litura*, que tem sentido de cobertura, mas também rasura, correção, forma a palavra *liturarius*, que indica um escrito com rasuras. De *Littérature* — o nome do periódico — a *Lituraterre,* faz-se um chiste construído a partir de uma aliteração[12].

Nesse artigo, Lacan faz um deslizamento no qual, auxiliado por Joyce, ele vai de *letter* — carta/letra — para *litter* — que traduz como lixo. Dessa forma, a letra passa a ser rasura, resto apagado, sem relação com o sentido, mas que armazena o gozo. Esse seria, segundo Lacan, o caminho de uma análise se chega a seu fim[13].

Na poesia de Manoel de Barros, o outro do poeta é o avesso, o lixo, o podre, o ínfimo. Acerca de seu *Livro sobre nada*, Manoel afirmou que desejava escrever sobre coisas desúteis: "tudo aquilo que use o abandono por dentro e por fora"[14].

> Prefiro as linhas tortas, como Deus.
> Em menino eu sonhava de ter uma perna mais
> curta (Só pra poder andar torto).
> Eu via o velho farmacêutico de tarde, a subir a
> ladeira do beco, torto e deserto... toc ploc toc ploc.
> Ele era um destaque.

---

[12]LACAN, J. (1971) Lituraterra. In: *Outros escritos.* Tradução de Vera Ribeiro. Rio de Janeiro: Zahar, 2003, p. 15.
[13]*Ibid.*
[14]BARROS, M. *Livro sobre nada.* 3ª edição. Rio de Janeiro: Record, 1996, p. 7.

Se eu tivesse uma perna mais curta,
todo mundo haveria de olhar para mim: lá vai o
menino torto subindo a ladeira do beco toc ploc toc ploc.
Eu seria um destaque. A própria sagração do Eu[15]

E o que é uma análise senão sagrar um Eu (torto) singular? Erigir um saber sobre o desejo, decifrar o inconsciente, retificar a posição subjetiva, mudar a relação ao gozo... As expressões que identificam efeitos de análise nos dizem de um deciframento que, com a resposta em ato do analista, desvela o equívoco nos sentidos fixados. Isso não seria como *transver* a vida? Quando a equivocação é convocada, a castração e a dimensão irredutível da linguagem aparecem[16].

Eu queria avançar para o começo
Chegar ao criançamento das palavras
Lá onde elas ainda urinam na perna
Antes mesmo que sejam modeladas pelas mãos[17]

Somos representados pela falta, essa é a revelação final de uma análise. Não há a descoberta de um sentido de vida, inefável ou sagrado, nem há A Verdade, aquela que responderia às inquietações da existência. Do aparecimento de um não sentido, não se conclui que não haja sentido, e sim que há

[15]*Ibid.*, p. 39.
[16]STRAUSS, M. O que responde o psicanalista? In: *Stylus*, nº 26. Rio de Janeiro, 2013. Disponível em *http://pepsic.bvsalud.org/scielo.php?script=sci_arttext&pid=S1676-157X2013000100014*. Acessado em 19 de julho de 2021, às 14h19.
[17]BARROS, M. *Livro sobre nada*. 3ª edição. Rio de Janeiro: Record, 1996, p. 47.

o desejo, "carregado pela morte"[18]. Ou seja, o Nada. E qual o sentido disso? É justamente a análise, em sua regra mais fundamental, que permite a criação de um saber sobre Isso.

> Uma palavra abriu o roupão para mim. Ela deseja que eu a seja[19]

É na sedução da palavra endereçada ao analista que um saber inédito pode ser construído, a partir da desconstrução.

> O que não sei desmancho em frases
> Eu fiz o nada aparecer
> (Represente que o homem é um poço escuro.
> Aqui de cima não se vê nada
> Mas quando se chega ao fundo do poço já se pode
>   ver o nada.)
> Perder o nada é um empobrecimento[20]

---

[18]*Ibid.*
[19]*Ibid.*, p. 70.
[20]*Ibid.*, p. 63.

Freud, a afirmação de Eros e o problema do autismo[1]

LUIS ACHILLES
RODRIGUES FURTADO[2]

FREUD, inúmeras vezes, nos demonstra seu esforço em manter a teoria da libido e a hipótese de que a força de Eros é constitutiva para o sujeito e para a cultura. Tal esforço constitui um ato clínico e político a ser renovado por cada psicanalista como afirmação da vida e do traço distintivo da relação humana com o simbólico, que nos caracteriza enquanto *homo sapiens*.

Este texto busca esclarecer as razões freudianas de sua discordância quanto ao termo "autismo", promovido por Bleuler[3] a um dos principais sintomas da esquizofrenia,

---

[1]Este trabalho compõe parte de uma pesquisa que participa do Programa de Bolsas de Produtividade em Pesquisa, Estímulo à Interiorização e Inovação Tecnológica — BPI (EDITAL 02/2020).
[2]Psicanalista, membro da Escola de Psicanálise dos Fóruns do Campo Lacaniano, do Fórum do Campo Lacaniano de Fortaleza e do Fórum do Campo Lacaniano de Sobral (em formação).
[3]BLEULER, E. (1911) *Dementia Paecox ou Grupo das esquizofrenias*. Lisboa: CLIMEPSI Editores, 2005.

concernente ao afastamento do sujeito quanto à realidade do mundo que o cerca. A partir de 1943, esse termo, por sua vez, passou a denominar não um sintoma, mas uma síndrome específica que aparece desde os primeiros momentos da infância: o distúrbio autístico do contato afetivo[4]. Nos dias de hoje, o autismo infantil é internacionalmente concebido como uma ampla categoria nosográfica intitulada Transtorno do Espectro do Autismo[5].

Temos, na história da psicanálise, o testemunho clínico fornecido por Melanie Klein[6] sobre os efeitos da análise com um garoto autista que ela chamou de Dick. Suas intervenções foram objeto de significativos comentários realizados por Lacan[7]. O ato de Klein configurou-se numa aposta clínica que nada indica sobre alguém indiferente ao mundo e à linguagem, como também destaca Lacan naquelas aulas. Por isso, utilizamo-nos da vinheta clínica relativa à primeira sessão de Dick com Klein para ilustrar uma aposta na dimensão de Eros implicada no ato psicanalítico, servindo-nos como referência frente à complexa discussão no campo teórico.

Esta investigação se justifica por motivos clínicos, teóricos e ético-políticos. Em termos clínicos, resistimos a

---

[4]KANNER, L. (1943) Os distúrbios autísticos do contato afetivo. In: ROCHA, P. (org.) *Autismos*. São Paulo: Escuta, 1997, p. 111-170.

[5]AMERICAN PSYCHIATRIC ASSOCIATION. *Diagnostic and statistical manual of mental disorders*. 5ª edição. Washington, DC: APA, 2013.

[6]KLEIN, M. (1930) The importance of symbol-formation in the development of the ego. In: *Love, guilt and reparation & other works*. USA: Delacorte Press / Seymour Lawrence, 1975, p. 219-232.

[7]LACAN, J. (1953-1954) *O seminário, livro 1: os escritos técnicos de Freud*. 3ª edição. Tradução de Betty Milan. Rio de Janeiro: Zahar, 1986.

admitir a existência de seres humanos que estejam completamente alheios à realidade exterior, sem relação alguma com a linguagem e com o mundo humano dos objetos. Por motivos teóricos, a noção de um estado psíquico em que há fechamento primitivo em uma espécie de casca[8] — da qual a humanidade se "des-envolve" sem que a dimensão da sexualidade esteja implicada — não parece ser algo coerente com a teoria psicanalítica. Por motivos ético-políticos, nossas indagações têm relevância, posto que salientam a humanidade implicada no tratamento e nas práticas com as pessoas ditas autistas. Ao destacar a relação com a linguagem — campo do Outro — e com os objetos — campo da causa do sujeito —, tentamos restituir a essas pessoas sua condição de enunciação, da forma como conseguirem, seja pela fala ou por suas invenções particulares. Logo, é a dimensão de Eros que resgatamos do que foi suprimido na concepção teórica do "autismo".

Considerando a natureza de nossas indagações, procedemos a um breve passeio conceitual no qual tentamos esclarecer essas questões e um retorno aos textos fundamentais de Sigmund Freud e de Jacques Lacan.

O ato de Melanie Klein com o pequeno Dick

O nome de Dick foi agendado como o último paciente do dia 7 de janeiro de 1929. O garoto era indiferente, corria para

[8]FREUD, S. (1911) Formulações sobre os dois princípios do funcionamento mental. *In: Edição standard brasileira das obras psicológicas completas de Sigmund Freud. O caso Schreber, artigos sobre técnica e outros trabalhos (1911-1913).* Direção de tradução de Jayme Salomão. Rio de Janeiro: Imago, 1996, p. 237-244.

cima e para baixo sem objetivo, hiperativo, descoordenado e demonstrava comprometimento na sociabilidade. Em contraposição às crianças neuróticas, a função afetiva se demonstrava pela ausência de afeto ou ansiedade.

Melanie Klein[9] tomou um trem grande, colocou-o ao lado de um menor e os nomeou de "*Daddy-train*" e "*Dick-train*". O menino pegou o "trem-Dick", rolou-o até a janela e respondeu: "*Station*". Klein constrói dizendo: "*The station is mummy; Dick is going into mummy*" [A estação é a mamãe. Dick está entrando na mamãe].

Dick larga o brinquedo e corre para um vão dentro do qual se fecha e diz "*Dark*" [Escuro]. Repetido esse ritual, Klein diz: "*It is dark inside mummy. Dick is inside dark mummy*" [É escuro dentro da mamãe. Dick está dentro da mamãe]. Dick a interrompe e demanda: "*Nurse*?" [Babá?], ao que a analista responde de forma confortadora: "*Nurse is soon coming*" [A babá vem já]. No dia seguinte, repetirá essa cena e incluirá o trem no jogo com a antessala escura.

Vemos aí três tempos, mas nosso interesse é explorar o primeiro tempo, que destacamos sob a perspectiva do ato de Klein, implicando a importância da nomeação como uma aposta em Eros.

Ela se utiliza do par "*Dick-train*" — "*Daddy-train*", usa dos objetos de interesse de Dick e estabelece uma relação entre eles. Lacan destaca que ela faz aí uma verbalização, "a simbolização de uma relação efetiva, aquela de um ser

[9]KLEIN, M. (1930) The importance of symbol-formation in the development of the ego. In: *Love, guilt and reparation & other works*. USA: Delacorte Press / Seymour Lawrence, 1975, p. 219-232.

nomeado com um outro"[10]. Sublinhemos: além da nomeação falada por Klein, há a relação estabelecida entre os elementos significantes. Se Dick estava identificado imaginariamente com o trem, agora ele fica nomeado e referido a um trem-papai. Demonstrando que mantinha uma relação com o mundo e com a linguagem, ele responde à proposição de Klein com outro par significante, articulado por ele mesmo: *Train–Station*, marcando um segundo tempo.

Este primeiro tempo é aquele no qual o sujeito surge no campo do Outro na forma de um "Tu és...". É um tempo relativo a um outro ainda anterior e mítico, que tem a estrutura de uma pergunta: "Quem sou?". Klein disse: "Tu és o trem pequeno, papai é o trem grande", forjando uma cena fantasmática a partir de seu sistema simbólico de filiação, que também era o da família do garoto, visto que o pai de Dick também era psicanalista.

A resposta à primeira intervenção de Klein nos permite ter certeza de que Dick ouviu. E isso o instala como sujeito nesse "diálogo". A própria analista confessa que tinha de partir de algum lugar e, por isso, realiza uma construção, e não uma interpretação: "A análise, então, teve que começar com isso, o fundamental obstáculo de estabelecer contato com ele"[11]. Se o interesse por trem já era de Dick, sua relação com o "*Daddy-train*" foi estabelecida por Klein.

---

[10]LACAN, J. (1953-1954) *O seminário, livro 1: os escritos técnicos de Freud.* 3ª edição. Tradução de Betty Milan. Rio de Janeiro: Zahar, 1986, p. 102-103, aula de 24 de fevereiro de 1954, tradução modificada.

[11]KLEIN, M. (1930) The importance of symbol-formation in the development of the ego. In: *Love, guilt and reparation & other works.* USA: Delacorte Press / Seymour Lawrence, 1975, p. 224-225.

Tenhamos, enfim, esse relato como referência para a consideração da discussão em torno do conceito de autoerotismo em Freud e sua objeção ao termo "autismo" como algo que foraclui a dimensão de Eros de seu entendimento clínico, insinuando uma condição de isolamento total da dimensão da alteridade.

A foraclusão de Eros e a querela em torno do termo "autismo"

A tomar a nossa pesquisa em torno da clínica com pessoas que recebem o diagnóstico de autismo e os problemas conceituais que lhe são intrínsecos, sentimo-nos na necessidade de explorar um pouco mais a problemática que envolve a criação do neologismo "autismo" a partir de outro neologismo que é crucial no edifício psicanalítico: o autoerotismo.

Não é difícil de se encontrar a referência de que Eugen Bleuler consagrou o termo "autismo" para descrever um dos sintomas de base da esquizofrenia como relativo às funções psíquicas complexas[12], dizendo respeito mais especificamente ao afastamento da realidade — portanto, implica a relação do sujeito com os objetos do mundo externo e com as outras pessoas. Literalmente, o que temos é uma supressão da raiz "eros" como a referência à sexualidade. Segundo Bleuler: "Chamamos *autismo* ao desligamento

[12]"As funções psíquicas complexas são resultado do 'concurso' das funções simples, como atenção, inteligência, vontade e atividade." In: BLEULER, E. (1911) *Dementia Paecox ou Grupo das esquizofrenias.* Lisboa: CLIMEPSI Editores, 2005, p.109.

da realidade combinado com a predominância relativa ou absoluta da vida interior"[13].

Ao fornecer a definição acima, o autor acrescenta em seu texto uma nota de rodapé na qual faz referência à obra de Freud e ao conceito de "autoerotismo", destacando sua proximidade, mas também sua diferença. Bleuler[14] diz que não pode usar o termo freudiano pois ele se presta a muitos equívocos e que "libido" e "erotismo" são conceitos freudianos muito mais amplos do que para outras escolas da psiquiatria[15]. Percebemos que Freud[16], ao demonstrar rigor com as palavras e ao aludir à polissemia da palavra "amor", está justamente se referindo, no texto sobre a psicologia das massas, ao argumento de Bleuler formalizado dez anos antes.

Dizemos aqui que a objeção de Bleuler foi formalizada dez anos antes, mas ela já vinha sendo abordada e intensamente discutida na longa correspondência de Freud com Jung, na qual a discussão clínica acerca dos problemas colocados pela Demência Precoce (ou esquizofrenia) era tema constante. Na verdade, essa discussão estava na ordem do dia.

---

[13]BLEULER, E. (1911) *Dementia Paecox ou Grupo das esquizofrenias.* Lisboa: CLIMEPSI Editores, 2005, p. 109, grifo do autor.

[14]*Ibid.*

[15]Curioso notar o argumento pela busca por uma uniformidade discursiva na psiquiatria, argumento semelhante ao da Associação Americana de Psiquiatria, que organiza contemporaneamente o Manual Diagnóstico e Estatístico de Transtornos Mentais. (AMERICAN PSYCHIATRIC ASSOCIATION. *Diagnostic and statistical manual of mental disorders.* 5ª edição. Washington, DC: APA, 2013.)

[16]FREUD, S. (1921) Psicologia de grupo e a análise do Ego. *In: Edição standard brasileira das obras psicológicas completas de Sigmund Freud. Além do princípio de prazer, Psicologia de grupo e outros trabalhos (1920-1922).* Direção de tradução de Jayme Salomão. Rio de Janeiro: Imago, 1996, p. 77-154.

Nesse sentido, podemos testemunhar, na relação epistolar com Jung, o posicionamento radical e discordante de Freud quanto à concepção e ao uso do termo "autismo".

Ao conceituar que, num tempo mítico primitivo, não há diferença entre a libido sexual [*Sexuallibido*] e as pulsões do Eu [*Ich-Triebe*], Freud sustenta o caráter sexual da libido e se contrapõe à possibilidade de uma condição dita "autista", sem "Eros". É com essa tese que Freud escreve o texto fundamental sobre o narcisismo, no qual é a clínica da esquizofrenia que ocupa lugar central, e justifica suas elaborações metapsicológicas, que levam à reformulação do dualismo pulsional em termos de pulsão do eu e pulsão objetal, sendo ambas sexuais[17].

Tal discussão custou a Freud um certo desgaste e redundou no rompimento com Bleuler e, posteriormente, com Jung. Freud desabafa com este último, sustentando o monismo implicado no conceito de libido e sua referência à sexualidade:

> Ando um pouco aborrecido com Bleuler devido à propensão dele de aceitar uma psicologia sem sexualidade, com o que fica tudo no ar. Temos, nos processos sexuais, a indispensável "base orgânica" sem a qual um médico só pode sentir-se inseguro no domínio da psique.[18]

---

[17]FREUD, S. (1914) Sobre o narcisismo: uma introdução. *In: Edição standard brasileira das obras psicológicas completas de Sigmund Freud. A história do movimento psicanalítico, Artigos sobre a metapsicologia e outros trabalhos (1914-1916).* Direção de tradução de Jayme Salomão. Rio de Janeiro: Imago, 1996, p. 81-108.

[18]FREUD, S. (1908) 84 F. In: MCGUIRE, W. (org.) *Freud/Jung Correspondência completa.* Rio de Janeiro: Imago, 1976, p. 186.

A expressão "tudo fica no ar" refere-se à questão da etiologia da demência precoce, a que Jung havia aludido na carta à qual essa missiva era uma resposta. Uma vez que Bleuler acreditava num fundamento organicista não comprovado e, ao mesmo tempo, recusava a hipótese da teoria da sexualidade, a etiologia da esquizofrenia ficava sem explicação, em suspenso, "no ar". O conceito de sexualidade, como referido à teoria das pulsões parciais com fonte no corpo, permite aos médicos o entendimento do fato psíquico como um fenômeno natural e, assim, passível de ser estudado pela ciência sem resvalar em noções "espirituais" e místicas. O monismo freudiano fundamentado pela noção de pulsão — o "*missing link*" entre corpo e alma — permite aos analistas escaparem da insegurança propiciada pela consideração do psiquismo com categorias frágeis e metafísicas, sem relação com a materialidade que sustentava o discurso científico de então[19].

Além dos motivos teóricos e epistemológicos que motivam Freud a discordar do termo "autismo" e, por consequência, da denominação "esquizofrenia", podemos destacar as motivações clínicas. Estas se referem ao fato de que não encontramos nenhum caso de um completo afastamento do mundo externo e da realidade, mesmo quando falamos dos quadros mais graves ou precoces de esquizofrenia, tal como o caso Dick nos ilustra. Fato que nos remete à impossibilidade de concebermos um sistema psíquico totalmente fechado.

[19]ASSOUN, P. L. *Introdução à epistemologia freudiana*. Rio de Janeiro: Imago, 1983.

Consideramos, ademais, que o mesmo argumento se aplica aos quadros diagnosticados com a contemporânea nomenclatura de síndrome do autismo ou Transtorno do Espectro do Autismo[20]. Em termos clínicos, por mais grave que possamos conceber um quadro diagnosticado com autismo, não testemunhamos casos em que não existe absolutamente nenhuma relação objetal, mesmo que seja na sua forma negativista. Não há nada na clínica do autismo que nos indique uma apatia; há, antes, uma evitação, uma proteção contra o que acossa e invade o sujeito, que se utiliza de certos objetos como forma de proteção contra essas ameaças.

Mais de um século depois, se considerarmos os avanços conceituais da psicanálise, sabemos que a discussão etimológico-conceitual que foi travada por pioneiros como Freud, Bleuler e Jung era correlativa a uma confusão clínico-epistemológica inevitável, especialmente naquele contexto. A confusão girava em torno da tomada em sinonímia entre a doença e o sujeito. O que Freud descobriu com a psicanálise é a sexualidade como causa cujo efeito é o sujeito, cujas manifestações sintomáticas constituem a sua expressão, passíveis de serem articuladas como linguagem[21]. Em outros termos, hoje podemos dizer que as perguntas da psiquiatria e da psicanálise ocorrem (e ocorriam) em níveis diferentes: a primeira se refere à etiologia da doença, entendida como correlativa a uma lesão ou alteração no órgão ou tecido; e a segunda se refere à causa do sujeito, considerado como

[20]AMERICAN PSYCHIATRIC ASSOCIATION. *Diagnostic and statistical manual of mental disorders*. 5ª edição. Washington, DC: APA, 2013.
[21]LACAN, J. (1962-1963) *O seminário, livro 10: a angústia*. Tradução de Vera Ribeiro. Rio de Janeiro: Zahar, 2005.

efeito do significante no corpo. Por isso, *psicogênese vs. organogênese* não é aplicável à psicanálise, pois se refere a um duplo imaginário do próprio corpo e é desprezada pelo cientificismo de Freud, de seus mestres e de alguns de seus contemporâneos[22].

Assim, as consequências de um breve retorno aos conceitos freudianos referentes à pulsão, ao autoerotismo e à libido incidem sobre a ideia de um autismo como uma condição na qual não haveria relação com a realidade e com o Outro. Se, na constituição psíquica, de um lado, temos uma forma de encontro com o objeto que necessariamente implica a intervenção de um semelhante no mundo externo, por outro lado, há a condição narcísica que descobre o objeto primeiro no próprio corpo, reencontrando-o depois no corpo do outro. Entretanto, Lacan destaca que, mesmo assim, esse gozo no corpo também pode ser sentido como um *heteros*, estranho ao próprio sujeito, salientando sua dimensão de real[23].

O que define o autoerotismo não pode ser o traço de ser uma satisfação primária simplesmente, pois parte dela é secundária: "Desde que tenha um objeto, real ou imaginado, a libido, por definição não é autoerótica"[24]. Trata-se de uma

---

[22]Cf. ASSOUN, P. L. *Introdução à epistemologia freudiana.* Rio de Janeiro Imago, 1983; LACAN, J. (1955-1956) *O seminário, livro 3: as psicoses.* 2ª edição. Tradução de Aluisio Menezes. Rio de Janeiro: Zahar, 1988; LACAN J. (1962-1963) *O seminário, livro 10: a angústia.* Tradução de Vera Ribeiro Rio de Janeiro: Zahar, 2005.
[23]LACAN, J. (1975) Conferência de Genebra sobre o sintoma. In: *Opção lacaniana*, nº 23. São Paulo, 1998, p. 6-16.
[24]FREUD, S. (1908) 25 F. In: MCGUIRE, W. (org.) *Freud/Jung Correspondência completa.* Rio de Janeiro: Imago, 1976, p. 87.

satisfação sem a articulação de uma demanda, sem implicar o estabelecimento completo do circuito pulsional elaborado por Freud[25] e explicitado por Lacan[26].

Dessa forma, se inicialmente o sujeito descobre o objeto do lado de fora ou em seu próprio corpo, não importa, pois não há diferença entre o interior e exterior[27]. O significativo dessa condição é a sua relação com o Outro enquanto lugar simbólico, diferenciando-o simplesmente do mundo exterior dos objetos. É preciso a subjetivação da presença desse Outro que traduz o comportamento, mesmo autoerótico, como um pedido, erotizando o corpo do indivíduo. Esse Outro não é mais simplesmente um objeto, um pequeno outro, mas o lugar para o qual se endereça um pedido, uma questão. Apenas por essa via podemos perceber que o autoerotismo se refere a um *heteros,* pois, sem a demanda, não teríamos como saber desse estranhamento, desse desamparo. Tal discernimento é clinicamente mais nítido na neurose e mais complexo e turvo quando consideramos as psicoses e o autismo. É nesse contexto da formulação ou não de uma demanda que a clínica do autismo se situa, na recusa sobre a enunciação, que é sempre de amor.

---

[25]FREUD, S. (1915) Os instintos e suas vicissitudes. In: *Edição standard brasileira das obras psicológicas completas de Sigmund Freud. A história do movimento psicanalítico, Artigos sobre a metapsicologia e outros trabalhos (1914-1916).* Direção de tradução de Jayme Salomão. Rio de Janeiro: Imago, 1996, p. 123-144.

[26]LACAN, J. (1964) *O seminário, livro 11: os quatro conceitos fundamentais da psicanálise.* 3ª edição. Tradução de M. D. Magno. Rio de Janeiro: Zahar, 1988.

[27]FREUD, S. (1925) A negativa. In: *Edição standard brasileira das obras psicológicas completas de Sigmund Freud. O ego e o id e outros trabalhos (1923-1925).* Direção de tradução de Jayme Salomão. Rio de Janeiro: Imago, 1996, p. 123-144.

Por fim, o que justifica a discordância literal de Freud — e a nossa — com relação ao termo "autismo" é o apagamento do elemento diferencial que Eros representa, originalmente vindo do campo do Outro, tal como fez Klein com o pequeno Dick. É inconcebível, clínica, teórica e politicamente, a suposição de um ser humano que não seja absolutamente sensível à linguagem e que não mantenha uma mínima abertura aos objetos que recebem das outras pessoas. Mesmo através de uma descarga inicial "ensimesmada", essa manifestação "adverte um indivíduo mais experimentado sobre o estado da criança"[28]. Considere-se, por fim, que esse "indivíduo auxiliador" compartilha da importante função do entendimento [*Verständigung*], ou seja, da linguagem. E, assim, "o desamparo inicial do ser humano é a *fonte primordial* de todos os *motivos morais*"[29].

E quanto à formulação de uma simples pergunta como "Uma pessoa autista é capaz de amar?", podemos afirmar, no senso comum, que sim. Se tomarmos o amor no seu sentido ampliado e considerarmos a vida cotidiana com os ditos autistas, podemos dizer que sim. Entretanto, se considerarmos a perspectiva psicanalítica do amor como o investimento que envolve a organização libidinal a partir da significação fálica na busca de um encontro com um parceiro, podemos inferir que, teoricamente, não podemos afirmar que autistas

[28]FREUD, S. (1895) Projeto para uma psicologia científica. *In: Edição standard brasileira das obras psicológicas completas de Sigmund Freud. Publicações pré-psicanalíticas e esboços inéditos (1886-1889)*. Direção de tradução de Jayme Salomão. Rio de Janeiro: Imago, 1996, p. 370, tradução modificada.
[29]*Ibid.*, p. 370.

amam, pois há aí até mesmo um paradoxo terminológico. Dizemos isso porque, se o sujeito manifesta a dimensão do amor propriamente dito, nada nos permite afirmar que é autista, apesar de eventuais sintomas comportamentais que apresente.

O "amor" dos ditos autistas está mais relacionado ao investimento de objeto do que ao enamoramento, que implica a constituição de um Eu total. A consequência desta dupla e ambígua resposta — sim e não à possibilidade do amor dos autistas — recai diretamente sobre a direção do tratamento, pois nos permite conceber a dimensão da transferência enquanto atualização da realidade do inconsciente. Por fim, dizemos ainda que a suposição do sujeito, necessária ao ato analítico, nos obriga a colocar nossas suspeitas sempre que ouvimos falar no termo "autismo" e, como Freud, sustentar a dimensão de Eros.

O analista-poata e o des-vestir números inteiros da criação

RENATA SANTIAGO[1]

INICIO MOVIDA POR PERGUNTAS que costuram uma experiência vivenciada no incontável ano de 2020: o poeta também já está advertido de não ser detentor de um suposto saber? **O que faz a poesia, que, como a psicanálise, faz alguma coisa? Em que consiste o ato na poesia?** Escrevo aqui, como Clarice Lispector nos ensina em seus escritos na obra *Água viva*, utilizando a palavra como isca e quarta dimensão, a palavra pescando o que não é palavra.

Sabemos que, no fiar de uma análise, o real se produz na colocação em ato da realidade inconsciente do sujeito. Ou seja, em transferência. Há aí um decidir a fazer, um engajamento que esvazia descargas e motricidades. Há um espanto movido, em dinâmicas linhas diagonais, por recriar-se, na medida em que "sempre se pode fabricar um novo número

[1]Artista, professora e estilista.

que não terá sido incluído a princípio nessa sequência de números inteiros"[2].

Fabricar. Fabrico. Fati. Feitio. *Fabric.* Tecido.

A criação está intimamente relacionada ao desejo de ter e de ser, de metaforizar, dizer por um objeto, o vazio enigmático comum ao *falasser*, criando um objeto de desejo onde isso era. **Há algo que supomos já estar lá, antes mesmo que façamos a descoberta.** Na travessia de nossa própria análise, percebemos que não, as questões e queixas sobre a forma não são nada fúteis, e que é pelo inconsciente que o corpo diz. De modo que existe sempre um vaso que verte, ou seja, der-rama. É isso que também move o trabalho do poeta: fundar uma experiência sedimentada nos furos, no não saber. Pois, ao jogar com o efeito de sentido e o efeito de furo, a poesia se serve do **equívoco significante, intervindo simbolicamente no real, nascendo poesia toda vez que um escrito nos introduz num mundo diferente do nosso.** Nesse sentido, pensemos como Freud: todo artista é um poeta e a arte é um lugar possível de se abrigar, onde ex-sistem as entrelinhas do saber psicanalítico.

Palavra, na poesia e na análise, é feita da mesma fibra. **Então, de que modo se pode atingir tangencialmente o dizer que escapa aos ditos?** Assim como no poema, "o ato psicanalítico designa uma forma, um envoltório, uma estrutura tal, que, de algum modo, ele suspende tudo o que

---

[2]LACAN, J. (1967-1968) *O seminário, livro 15: o ato psicanalítico*. Inédito. Aula de 15 de novembro de 1967.

até então foi instituído, formulado"[3]. Portanto, o ato promove o início e causa rupturas, mas não é exatamente de um agir que se trata. O ato é uma outra coisa e é da subversão do sujeito que temos de re-tomar a função do ato. O ato é um significante que o sujeito não tem vontade de deixar cair, fundado na repetição. O ato se inscreve mais do lado de *ttoínon*, isto é, da poesia, e é algo que nos ar-re-bata e que se traça por meio de metáforas e metonímias, trabalhando com as mesmas figuras de linguagem das formações inconscientes. Como nos aponta Lacan, o ato é, por sua própria dimensão, um dizer, inscrevendo-se em um efeito de linguagem e que supõe a própria psicanálise. Ele diz e vem testemunhar algo. Institui um fazer movido pela oscilação desordenada da agulha para des-velar algo de não sabido, cerceando limites e designando uma estrutura, a falta como estrutura.

Como poata, o analista, assim como o poeta, é um ser entre, delimita um lugar em experiência, esculpindo marcas orgânicas, mapeando territórios, operando gestos de inserção na formação de seu objeto de arte. No seminário *O ato psicanalítico*, Lacan reafirma que o analista é um poeta do ato, porque no ato é que ele se deixa tomar pelo inconsciente, implicado na experiência do seu processo criativo. Há aí um entrelaçamento entre a *práxis* e a *poíesis*, permitindo ao sujeito não contemplações estéticas, mas brincadeiras sussurrantes nas bainhas ruidosas do que cessou de não se escrever. Realiza precisamente o corte na veste para desalojar o sujeito. Faz e deixa cair para que se engravide da necessidade de gerar, de se criar movido pelo entusiasmo e pela

[3]*Ibid.*, aula de 6 de dezembro de 1967.

transferência enquanto operação-produto que articula as operações alienação e verdade.

Enveredar pela ética da psicanálise movida por Lacan nos coloca frente a abismos poéticos. **Contraditório?** Nem tanto. São silêncios, reminiscências, enfrentamentos sobre até onde se dá para ir, gangorra entre Eros e Tânatos. Diotima, em *O banquete*, nos ensina que o amor, assim como a criação, é uma busca que se movimenta a partir da falta. E o único ato possível de amor é escrevê-lo, nos servir dele. E escrever é de-ser, ou melhor, te-cer o fio des-vestindo a criação. Assim como no amor e no poema que se escreve, tecer o fio significa se deparar com um enigma sempre em fazimento. Ora ele está aqui, ora ali, se descostura, des-titui e se reconstrói: do fio se nasce a veste, da veste se costura outra veste. E dela nos abandonamos, nos amarramos em tranças, cortamos e caímos na margem, na tal margem mínima e possível de liberdade. Portanto, para que haja ato analítico, é necessário o engajamento do sujeito num tipo de pensamento que comporta um **não sou** e que vai conduzindo ao encontro da hiância que é a sua e que se define, na psicanálise, pela forma da castração.

É de desvestir, revestir e novos des-vest-ires que se faz o percurso de uma análise. E nesse processo há a necessidade de um ato que estanque o deslizamento de significação em significação, deixando o sentido em suspenso, explicitando a contingência que constitui os significantes que determinam o sujeito. O ato poético é um destino possível e sublimatório do encontro com o Real, aquele que nos desacomoda de nosso cotidiano e que nos adverte da finitude, uma paquera constante com *das Ding*.

Há o momento de tecer o fio, o momento do alinhavo e o momento de cortar o fio que fixa o sujeito. Des-vestir para vest-ir. Recomeça quando termina, ser sólido quando não se pensa, criação como alimento que se come e que se veste em letras e resto. A realidade enviesada e vista por um corte oblíquo. Uma brecha de luz que a cortina insiste em re-velar, um filho a crescer, se jogar no mar em linha reta, afirmações de vida. E se a palavra é fugaz e o desejo ininterrupto, encerro, pois, com Clarice em carne, ou melhor, em *Água viva*, pois disso ela sabe bem: "Quando estranho uma pintura é aí que é a pintura. E quando estranho a palavra aí é que ela alcança o sentido. E quando estranho a vida aí que começa a vida. Depois levanto e de novo re-começo"[4].

[4]LISPECTOR, C. (1973) *Água viva*. Rio de Janeiro: Rocco, 2017, p. 83.

Este livro foi impresso em setembro de
2021 pela Forma Certa para Aller Editora.
A fonte usada no miolo é Georgia corpo 10,5.
O papel do miolo é Pólen Soft LD 80 g/m².